0〜5歳児

非認知能力が育つ これからの保育

監修
横山洋子

JN039234

池田書店

はじめに

　このところ「非認知能力」という言葉を、保育・教育の世界でよく耳にするようになりました。これを知っていなければ、時代遅れになってしまいそうな勢いです。本書を手に取ってくださった方も、「これからは非認知能力を育てていかなければ」と、保育者としてのスキルアップを目指されたのでしょう。

　でも、ご安心ください。私たちがこれまで実践してきた保育も、十分に非認知能力を育ててきました。それは、「心情・意欲・態度」という言葉で説明されてきました。生きていくために必要な力は、なかなか目に見えません。でも、私たち保育者は子どもの姿から、「今までは人が使っているおもちゃを力ずくで奪っていたけど、『かして』って言えるようになったぞ」、「嫌なことから逃げていたけど、今日は友だちのおかげでチャレンジしようとしているな」などと、目に見えない育ちを読み取ってきました。

　つまり、保育において「子どもの発達に必要な経験を十分に積ませる」という基本スタンスは変わりません。ただ、これからの保育は子どもの育ちを、保護者にも同僚にも小学校の先生にもわかる言葉で伝えなければならないのです。「今、夢中になっているあそびで一体なにが育っているのか」、「友だちとけんかをして落ち込んでいる状況は、どのような経験として、この子の生きる力につながるのか」を、語り合う必要があるのです。

　本書は、あそびのなかや保育場面での子どもの姿を描き、なにが育とうとしているのかを明らかにしました。先生方の保育の一助となれば幸いです。

　　　　　　　　　　　　　　　　　　　　　　　　　　　横山 洋子

各歳児の特徴を紹介します。

この年齢で伸ばしたい非認知能力と、おすすめのあそび、活動を紹介します。

各年齢での発達を解説します。

保育者の関わり方を、具体例とともに紹介します。

非認知能力の育ちを読み取ろう
あそびや保育場面における子どもの姿から非認知能力の育ちを読み取り、今後の展開についての考え方を紹介します。

あそびのなかで育つ非認知能力

育つ非認知能力の項目毎に、解説を載せています。

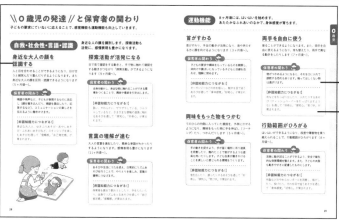

保育場面で育つ非認知能力

作り方・準備するもの
使用する道具の作り方や、活動に必要なものを紹介します。

ポイント
保育者の関わり方や、＋αのアイデアを紹介します。

I 章

∙∙∙∙∙∙∙∙∙∙∙∙∙∙

「非認知能力」とは

目に見えない力

　非認知能力とは、一言でいうと、テストや試験では測ることのできない「人間力」や「生きる力」のことです。計算力や漢字力はテストをすれば点数で結果が表れますから、わかりやすいですね。でも、「この人の『思いやり』は何点か」と問われても、「100点です」とも「25点です」ともいえないでしょう。思いやりは、目に見えません。点数化することもできません。しかし、人が生きていく上で、とても大切な力であることは誰もが認めるでしょう。

　このように、目には見えない、点数化はできないけれど、人が生きていく上でしっかりと身につけるべき力、必要な力があるのです。その力は、ある特殊なトレーニングをすれば獲得できるというものではなく、日常の生活のなかで、保育のなかで、「子どもの発達に必要な経験」をさせることを通して、保育者が意識して育てることが求められているのです。

　非認知能力というと、なんだか難しいことのようですが、「保育者がこれまで大切にしてきたことに、ただ名前が与えられたのだ」と捉えましょう。そして、名前が与えられたことにより「人間力」「生きる力」と大きくひとくくりにされていた力を、細分化して捉えることができるようになったのだと考えればよいのです。

　「頭のよい子を育てること」につき進んでいた教育が、それだけではどうも幸せになれないことに気づき、ようやく表舞台に登場した力ともいえるでしょう。

自己肯定感

自尊心

自立心

主体性

自制心

挑戦意欲

粘り強さ

非認知能力
（目に見えない力）

回復力

共感性

協調性

思いやり

道徳性

社交性

非認知能力

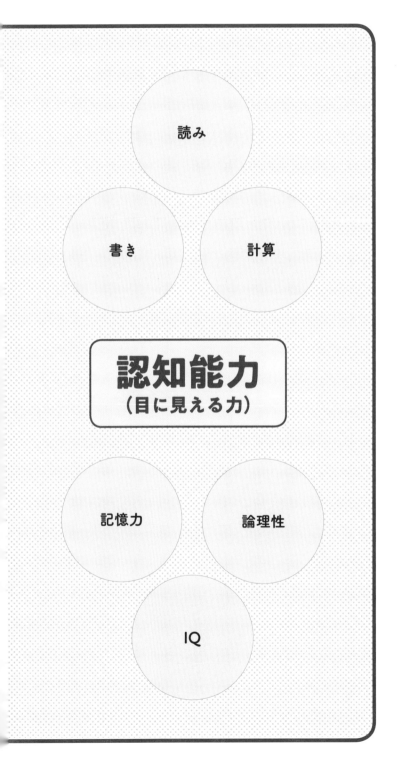

認知能力
（目に見える力）

読み
書き
計算
記憶力
論理性
IQ

「認知能力」は 目に見える力

　認知能力とは左の図にあるように、点数化できる、目に見える力です。走れば走るほど100メートル走のタイムは速くなりますし、計算ドリルをこなせば、だんだん計算ミスも減り、高得点が取れるようになります。ですから、このような能力をつけるためにはトレーニングが必要で、勉強をすることが求められます。教育者たちはより理解が深まるように、より技能が身につくように、さまざまな指導法を開発しています。子どもたちは、その指導法に沿って熱心に取り組むことにより、能力を獲得していきます。

　非認知能力には、この認知能力以外のものがすべて含まれます。こちらの方がかなり多いようだ、と想像できるでしょう。だからといって、その一つひとつが身につくようなプログラムをつくるというのは非現実的です。非認知能力は一つひとつが独立しているというより、絡まり合っているからです。そしてコツコツ努力すれば、だんだん右肩上がりに伸びるというわけではなく、あるきっかけでグンと伸びることもあれば、ずっと停滞していることもあります。とにかく目に見えないわけですから、育っているか、いないかは、なかなか表面化しないのです。

主な非認知能力と いわれるもの

非認知能力は、そのときすぐにではなく、後になって力が表れます。ですから、「後伸びする力」ともいわれています。成長後の健全な心、幸福感を高めることにつながるのです。

自尊心

自分の人格を尊重する気持ち。自分には存在する価値、生きている価値があると思える気持ち。自分は人から大事にされるべき存在であると考えることができる。無条件に人から愛されることで育つ。

自己肯定感

ありのままの自分を受け入れられる感覚。自分の存在そのものを認め、ありのままの自分をかけがえのない存在として肯定的・好意的に受けとめることができる感覚。

信頼感

身近な人や物事を信用する気持ち。基本的信頼感は、生後一年間くらいで原型ができるとされる。母子関係などから、十分な愛情を得られれば、構築される。社会や他人に対する信頼と、自己に対する信頼がある。

自立心

他の力や支配を受けないで、自力で物事をやっていこうとする心構え。生活やあそびのなかで、自信をもって主体的に行動する力。自分の存在に自信をもつとともに、自分で考え、工夫してあそぶ姿に表れる。

自制心

自分自身の感情や欲望などをうまく抑えたり、コントロールしたりする気持ちや精神力のこと。自分の心のなかに湧き上がってきた感情や気持ちに押し流されず、対応できることを指す。

主体性

自分で考え、自分で行動し、自分で責任をとること。自分のしたことがうまくいかなくても人のせいにしないことを含む。自分の意思や判断にもとづき、行動を選択するだけでなく、結果を自分で引き受ける。

意欲

進んでなにかをしようと思うこと。ある目標に向かって積極的になる心の動き。目的としているものに対するエネルギーを表し、自発的になにかをやりたいと思う、心の動きを指す。

挑戦意欲

夢をもち続け、夢を具現化するために挑み続ける意欲。できないことを、できるようにするための挑戦も含む。挑戦することは行動すること。たとえ失敗しても考えながら挑み続けることで、達成感を得られることが多い。

粘り強さ

根気や忍耐力があり、なかなかあきらめないこと。よく耐え忍ぶこと。根気強く最後までやり通そうとする力。地道にコツコツと努力をすることができること。物事に対して熱意がある状態、といえる。

回復力

ダメージに抵抗して、すばやく回復する力。精神的に疲れたり落ち込んだりした際に、立ち直ろうとする力。失敗してもくよくよせずに、前向きに歩み出そうとする力を指す。

気づき

それまで見落としていたことや、問題点に気づくこと。主体的に対象に関わり、具体的な活動や体験を通して生まれてくる。「対象に関わり思考した結果、わかったことや捉えたもの、得たこと」といえる。

探究心

物事の本質を探って、見極めようとする心。深く究明しようとする心。知識を深めたり、原因の解明にあたったり、粘り強く追究する姿勢を指す。

好奇心

わからないものに対して、その理由や意味を知りたいと思う気持ち。未知の物事に対する行動や精神的な働きを示し、周囲の出来事の情報や、関連する物を求めることにつながる。

感性

美しいものやよいものから受ける印象を、知覚する能力。視覚、聴覚、触覚、味覚、嗅覚の五感を働かせることで、物事を豊かに体験できる基となる。

達成感

なにかを成し遂げた後に起こる、充実感や喜び。高揚感や幸福感も含まれる。設定した目標をクリアするなど、結果が出た際に得られるもの。

充実感

心が満たされている、満ち足りているという心情。なにかをすることで、幸せを感じたり、楽しいと思えたりする際に味わう。生きていることのよさも感じている。

観察力

注意深く物事を見て気づく力。観察して細かなことに気づき、結果を多く得られる力。物事や現状を深く見て、原因や本質を見通すこともある。

想像力

実際には経験していない事柄などを、こうではないか、と推し量る力。また、現実には存在しない事柄を心のなかに思い描く力。思いやりは想像力から生まれる。

創造力

新しいものを初めてつくりだす力。今まで誰もつくったことのないような、独創的なものをつくる力を指す。

協調性

お互いに力を合わせて、同じ目的に向かって歩もうとする心持ち。多少の利害関係はあっても、ときには自分を抑えて、相手に合わせようとする気持ちも必要になる。

共感性

他人の意見や感情などに対し、その通りだと感じること。相手の喜怒哀楽の感情を共有すると心が通じ合えたような感覚になる。相手はわかってもらえた喜びを感じることが多い。人とつながりをもつのに必要な力となる。

思いやり

他人の気持ちに配慮し、相手がなにを望み、どんな気持ちかを注意深く考えて接すること。相手の身になって考えたり、推察して気を遣ったりすること。

社交性

人と付き合うことが好きで、上手な性質。人と関わることが楽しいと思える。多くの人とコミュニケーションがうまくできるので、知り合いが多くなる。また、明るくて外交的なことも含む。

道徳性

人間として本来的なあり方や、よりよい生き方を目指すことが身についている人格的な特性。していいこと、悪いことがわかり、自分で判断できる。

問題解決力

起こっている問題を分析して、問題の原因を可能な限り洗い出し、自分にも対応可能な範囲の解決策をつくって、問題を解決へと導く能力。

身体感覚

五感のうち、視覚、聴覚、味覚、嗅覚以外のいっさいの感覚を指す。皮膚感覚、深部感覚の他、平衡感覚、内臓感覚まで多種多様である。自分の手足がどうなっているか、刺激対象を身体のどの部分で感じているかなども含む。

目と手の協応・手指の操作

目で情報を捉えて、その情報に合わせて手を動かすこと。手指の巧緻性が高まるように、ボタンの掛け外しや、ビーズ通しなどをすることで、徐々に養われる。

非認知能力が注目される背景

幸せな生活や経済的な安定につながる

これまでは、認知能力の高い人の方が、将来社会において成功すると考えられていました。ですから、一流の大学を卒業することが、幸せの切符のように思われ、受験戦争が過熱したこともあります。けれども、一流の大学を出ても過労死スレスレで、苦しい思いをしたり、精神を病んだりする人も多く、成功と直結するわけではないと、世の中がうすうす感じ始めました。

そんななかで発表されたのが、2000年にノーベル経済学賞を受賞したジェームズ・J・ヘックマン「ペリー就学前プロジェクト」の研究結果です。そこでは「乳幼児期に非認知能力を身につけておくことが、大人になってからの幸せな生活や、経済的な安定につながる」という結論が導かれたのです。

「幸せ」の定義も「成功」の定義も、人それぞれでさまざまです。収入が多いこと。名誉を手に入れること。人から憎まれないこと。毎日を笑顔で心豊かに過ごし、年老いて自分の人生を振り返った際にいい人生だったと思える、そんな生き方ができれば素晴らしいでしょう。

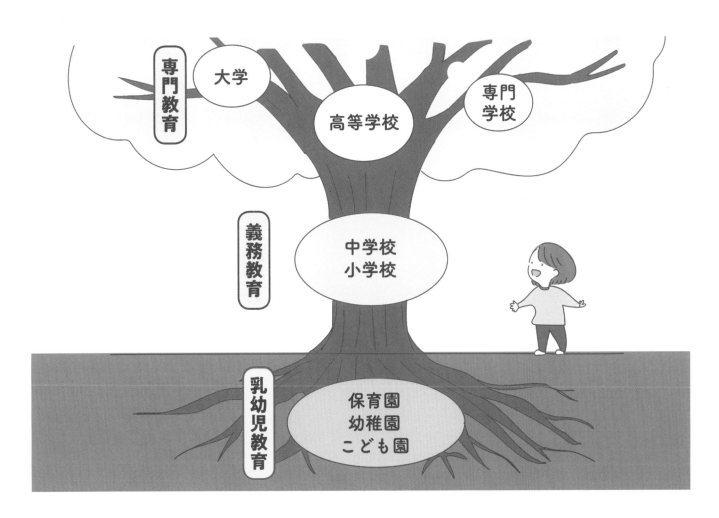

乳幼児期は
根っこを伸ばすとき

　私は幼稚園でも小学校でも、教員として子どもたちと接してきましたが、よくあそんで非認知能力を身につけた子どもの方が、小学校以降に人間力や成績がよく伸びたという実感があります。幼児期に大人の言うことをよく聞き、言われた通りに課題をこなしてきた「おりこうさんタイプ」は残念ながら伸びません。指示待ちになり、自分から取り組もうとしないからです。大人が子どものためによかれと思って小学校入学前にひらがなを書かせ、足し算や九九を教えても、その効果があるのは小学2年生頃まで。それ以降は、存分にあそんで非認知能力を身につけた子どもが、よい成績でグングン追い抜いていきます。

　乳幼児期には先取り教育をするのではなく、乳幼児期にふさわしい生活のなかで経験すべきことをしっかりと踏み固め、非認知能力の育ちを見極めることが、なにより重要なのです。

　人間の一生の学びを1本の木に例えると、乳幼児期は根っこの部分に相当します。小学校、中学校の義務教育は幹の部分。高校、大学は専門分野に分かれた枝葉の部分です。

　乳幼児期は自分の興味・関心にもとづき、やりたいことに自ら取り組み、根っこを縦横無尽に伸ばしていきます。さまざまな分野に好奇心を働かせば、根っこはひろがっていきます。気に入ったあそびにとことん取り組めば、根っこは深く深く伸びます。乳幼児期は根っこをどれだけ豊かに、ひろく、深く、地中にはわせることができるかが勝負です。しっかりと根がはった木は、少々の風では倒れません。根が貧弱で、知識ばかりを詰め込んだ木は、簡単に倒れてしまうでしょう。

非認知能力が育つポイント
あそび

自分から取り組む（主体性を重視）

あそびを子どもが自ら進んで始めることが大切です。保育者が経験させたいあそびとして、子どもたちのためにあそびを準備する場合もありますが、それを子どもに与える、やらせる、だけでは、学びは半減します。子どもが自ら「やってみたい！」と感じ、自分から取り組めるよう工夫をしましょう。

それには、あそびの導入や提示の仕方が肝です。前日に予告をしておき、当日、あそび始めたい子から参加できるようにするのもよいでしょう。他のあそびをしたい子は、それでよいのです。自分の行動は自分で決める権利がありますから、「今はこれであそぶ！」と子どもが自分で選ぶことを尊重します。予告したあそびが楽しく盛り上がってきたら、その雰囲気に魅せられて参加することもあるでしょう。その参加は、その子が決めたものです。自分の行動を自分で決める、人に指示されて動く存在ではない、ということが基盤になります。

やってみたい

あそびを楽しむ

子どもが「楽しい！」と感じて、喜んであそんでいる際に、非認知能力は育ちます。「子どもが喜々としてあそんでいる」状態は、身も心も躍動しています。五感が敏感に研ぎ澄まされ、他のことを忘れて没頭します。そんなときに集中力が養われ、熱心に取り組む姿勢が身につくのです。

なんとなくあそんでいる、他にすることがないからやっている、というのは、本当にそれがしたいから取り組んでいるのとは、全然違います。いわば「暇つぶしあそび」です。これでは楽しめませんし、非認知能力も育ちません。

あそびのなかで、困難に出合うこともあります。うまくいかないことも、失敗することもあります。そんなときは、一時的に楽しくなくなるかもしれません。けれどもそこでやめるのではなく、どうすればいいかを考えて、助けを求めたり、工夫をしたりして克服すると、さらに楽しさは倍増します。ハプニングをも楽しむことで、非認知能力は高まるのだと心得ましょう。

ポイント3 友だちのあそびを見る

　物と対話しながら育つことも、もちろんありますが、次の段階ではまわりを見て、他の友だちがしていることに目を向けられるようになると、世界がひろがります。自分とは違う物への関わり方をしていることがあるでしょう。それを見て「へー、おもしろいな。そういうこともありか、やってみよう」と思えると、他者から学んで自分のなかに取り込むことになるでしょう。

　人の動きを見ていると、喜んでいるなとか、怒っているな、ということがわかってきます。気持ちがわかれば「よかったね」と言って共感したり、助けてあげようと思えたりします。人との関わりが生まれる基盤となるのです。ですから、そろそろ友だちに関心をもたせたいと思ったら、「○○ちゃんを見てごらん」など、意図的に他者に目を向ける援助も必要になります。

　学びは真似をすることから始まります。よく観察することで、得るものは多いでしょう。視野がひろがることは世界がひろがることでもあるのです。

ポイント4 自分で考える

　「どうしようかな」といつも自分の頭で考えることが肝心です。人に言われたからするのではなく「どうすることが自分にとってよいことなのか」を常に考え、行動しなければなりません。考えることで脳細胞は活性化し、AしたらBになる、CしたらDになる、と予想しながら行動を選択できるようになります。

　また「〜だから○○をする」というように、理由をつけて考えられるようにもなるはずです。

　ですから「いいつけをよくきくよい子」ではなく「あなたはどうしたい?」「どう思う?」と常に子どもの考えを引き出し、「自分で考えられたね」と十分に認める必要があります。たとえ間違っていても頭から否定せず「そう考えたんだね」と受けとめてから「でも〜になったらどうかな」と気づけるようにしましょう。さらに考えを深めることにつなげるのです。自分で考えることのよさを伝えつつ、自分の考えに自信がもてるようにしたいものです。

ポイント5 「力を合わせるよさ」を味わう

　ひとりであそぶのも楽しいけど、友だちとあそぶともっと楽しいことに気づく日がやってきます。ひとりではできないことも、友だちと力を合わせればできることも多いのです。一緒にあそんでうまくいった際、目が合ってニコッと微笑みを交わすと、喜びは倍増するでしょう。心がつながったうれしさも加わるからです。そして、その友だちがもっと身近になり、もっと好きになるでしょう。

　4〜6人のメンバーであそぶようになると、協同的な学びの場面も多く見られるようになります。役割分担をしたり、アイデアを出し合ったりして、やり遂げた達成感、満足感を十分に味わえるチャンスになります。仲間がいることのよさにも気づけるでしょう。その過程にはけんかしたり対立したり、自分の主張を押し通したりゆずったりするなど、人と関わる力もついているはずです。友だちと一緒にいる心地よさとともに、人に対するマナーや「自分がされたら嫌なことを、人にしない」という道徳性も学んでいます。

非認知能力が育つポイント
生活

ポイント 1

生活を楽しむ

　朝起きてから夜寝るまで、一日の生活を楽しむことが大切です。自分を愛してくれる家族がいて、自分を大事にしてくれる園の保育者がいて、安心して過ごせることが前提です。

　食事を楽しんでいるでしょうか。食事は生きることに直結しています。苦手な物が多く、食事が苦痛な子はいないでしょうか。好き嫌いが多くても、苦手な物は無理強いせず、好きな物をおいしく食べられる時間にしたいものです。

　園へ行くことは楽しいことでしょうか。自分のやりたいあそびが存分にできるところでしょうか。毎日ワクワクしながら登園できる所になっているといいですね。

　楽しく前向きに生活するなかで、生活習慣は少しずつ身につき、非認知能力も育っていきます。「あー、今日もおもしろかった」と言って毎日を笑顔で過ごしていれば、自己肯定感もバッチリです。生きていることに前向きであることが、すべての基本です。

おいしい

ポイント 2

自分でできることは自分でする

　赤ちゃん時代はもちろん、生活のほとんどを大人に依存していますが、自分でできることがだんだん増えていきます。自分で食べられるようになる、自分で着替えられるようになるなど、成長することは本人にとってもまわりの大人にとっても喜びです。

　生きていくために毎日しなければならないことは、いろいろあります。顔を洗う、歯を磨くなど、衛生的なことから、靴を揃える、片付ける、園の鞄を用意するなど、数え上げたらきりがありません。それらを、自分のこととして誇りをもってできているでしょうか。

　甘えて、ときにはやってもらうことがあって構いません。けれども、自分でできるようになることは成長の証で、喜びでもあるはず。自信をもって継続して行動するなかで、非認知能力は育ちます。認めながら、励ましながら、自分でできることは自分でする方向へ導きましょう。

ポイント3 できないことは、助けを求める

　自分でできることが増える一方で、まだできないこともあります。「これからできるようになること」の予備軍なので、「いつかはできるはず」と期待をもって生活させたいものです。できないことを目の前にしたら、ただ黙って困っているのではなく、助けを求める必要があります。これも非認知能力のひとつです。「うまくできないので、ボタンを留めてください」「届かないので、あの箱を取ってください」など、人に働きかけて手助けをしてもらえる術を、身につけなければなりません。助けてもらったら「ありがとう」とお礼を伝えることも大切です。

　気をつけたいのは「してもらって当たり前」とならないようにすること。食べさせてもらうのが当たり前になっていると、子どもはただ口を開けて待っています。また、靴下を履かせてもらおうと、ただ足を上げているなどの姿では「自分でする力」も「助けを求める力」もつかないことを、肝に銘じましょう。

手伝ってー

ポイント4 命を感じる

　小さい頃は、自分が生きていることにも気づきません。けがをすると、血が出て痛い思いをします。風邪を引くと熱が出たり、咳や鼻水が出たりして、辛い思いをします。治るとまわりの大人は「よかった、よかった」と喜んでくれます。そのうちに、手を洗ったり、歯を磨いたりするのは、自分の体を守るためなのだと気づきます。ご飯を食べるのは、生きるためなのだと気づきます。植物がグングン伸びて花を咲かせるのも、金魚が元気に泳ぐのも、犬がワンワン吠えるのも、生きているからだと気づきます。かけがえのない自分の命を守りながら、たくさんの命に囲まれて生きているのだと知ることで、生活は輝きを増すでしょう。小動物の死も、命を感じる大事な機会です。おじいちゃんやおばあちゃんの死に立ち会うなど、喪失感を感じることも大切です。生活のさまざまな場面で「生きていること」を意識したいものです。

テントウムシ

ポイント5 時間を意識する

　朝起きてから夜寝るまで、だいたい決まった時間に食事をし、入浴し、歯を磨くでしょう。生活リズムが身についていることは、健康を保つ上でも、非認知能力を育てる上でも重要です。

　子どもは体のリズムで、おなかがすいたからそろそろお昼ご飯だと感じます。時計が読めるようになれば、自分の感覚と短い針の指す時間帯が一致するようになるでしょう。

　一日は24時間。これは大人にも子どもにも、誰にも平等に与えられています。見通しをもった生活をするためには、自分で時間を管理することが求められます。「やらなければならないこと」と「やりたいこと」をいつするのか、自分で時間をコーディネートするのです。「今日できなかったら明日やろう」と思えるのも、時間を意識できてこそです。時間に追われるのではなく、有意義に使えるようにしたいものです。

朝だー

非認知能力が育つポイント
保育者の関わり方・言葉かけ

ポイント1 一人ひとりを愛する

　保育者としての最も根本的なあり方です。関わる子どもの一人ひとりが、かけがえのない存在です。人生を歩き始めたばかりの子どもたち、この先80〜90年生きる子どもたちの人生の初期に関われるのはとても幸せなことです。

　そして、自分の関わり方が、この子どもたちの、人としての基盤を形成することの責任を受けとめましょう。

　家庭で十分に愛されている子どもがほとんどですが、ときに、弟や妹の誕生により、両親の愛情が取られたようで、さみしい思いをしている子や、家庭の事情で、愛情を経験しづらい環境で育つ子もいます。そのような場合、愛情を求めて保育者にべったりすることもあり、問題行動を起こして、注目を浴びようとすることもあります。家庭と連携するのはもちろんですが、足りていない愛情は、十分に注ぐ必要があります。クラス全員に等分の愛情を注ぐことが公平ではありません。愛情が不足していると感じたら、どの子にも十分に愛情を注ぐことが真の公平だと心得ましょう。

ポイント2 非認知能力が育つ状況をつくる

　特定のあそびをしたからといって、非認知能力がすぐに育つわけではありません。あそびのなかや、あそびを進める過程で、非認知能力が育つ状況をつくる必要があります。

　保育は「環境による教育」が柱になっています。保育者が直接指示するのではなく、子ども自身が環境に働きかけて、学びを自分のものにしていくのです。

　非認知能力は、子どもが主体的にあそぶなかで育まれますが、保育者が意図的に状況をつくることも必要です。挑戦意欲がもてるようなあそびの環境をつくることはもちろん、少々困難を感じる状況、粘り強く取り組める状況、やり遂げて達成感を得られる状況、友だちのしていることに目を向ける状況、力を合わせなければ乗り越えられない状況、友だちのよいところに目が向けられる状況など、保育者が子どもの育ちを見て、適切に状況をつくることが重要な援助となります。新人の保育者には難しいかもしれませんが、意識していれば徐々に上達するでしょう。

りっくんは粘土あそびが好きだから…。

机をあそこに移動したら…。

ポイント3 価値観を伝える

　子どもは親や保育者との関わりなどから、していいことといけないことを学びます。また、園という集団生活の場で、みんなが気持ちよく生活するために守らなければならないことを知り、人との関わり方を学んでいきます。

　その際、大きな指針になるのが保育者の言葉と行動です。保育者は子どもにとってモデルですから、保育者のしていることはすべてよいこととして、子どもは真似をします。つまり保育者の行動は、なってほしい子どもの姿を体現しているといえます。

　また、保育者の言葉からも子どもは価値観を学びます。保育者にほめられることは「すべきこと」で、眉をひそめられることは「やらない方がいい」と知ります。さらに「○○ちゃんは粘り強く取り組めるね」と笑顔で言われれば「粘り強く取り組むことはいいことだ」と学び、これからもそうしようと思うのです。価値観は、言葉で伝えることで、さらに強まります。

ポイント4 子どもに問い、判断させる

　子どもは主体的にいろいろな思いを抱えて生きていますから、保育者が関わる際は、子どもの思いを尊重する必要があります。

　その日の朝の気分や天気など、さまざまな要因で人の気持ちは左右されます。意欲的な日もあれば、「今日はなにもしたくない」と思う日もあります。それは、大人も子どもも同じです。

　子どもの気持ちを読み取りながら、関わるのはもちろんのこと、「○○ちゃんは、どんな気持ち？」「やってみる？」「後にする？」と思いを引き出し、自分の未来を選択させ、判断させましょう。すると、子どもは自分が大事にされていると思い、自己肯定感も高まりますし、自分のことは自分で決め、思っていることも伝えようとするようになります。迷っていたら「決まったら教えてね」と伝えるとよいでしょう。一度判断しても、後で変えてもよいのです。

ポイント5 非認知能力の育ちを読み取る

　子ども一人ひとりが個性的なように、同じ年齢であっても、非認知能力の育ちはそれぞれです。「この子は感情をコントロールする力がついてきたぞ」「この子は失敗したらなかなか立ち直れないな」というように、一人ひとりの非認知能力の育ちを日頃の生活やあそびの姿から読み取らなくてはなりません。そして、発達に必要な経験ができるように、環境を整え、状況をつくり、その経験を保障するのです。医者は病人を診察し、症状を見て、病気を特定します。そして治療方針を立て、薬を選んだり、手術をしたりします。私たち保育者は、園で子どもが生活する姿を見て、「まだ自分を出せていないな」「言葉より先に手が出るな」「いつも人を頼って自分からやろうとしないな」ということを感じるからこそ、成長を促すために「ねらい」を立てて保育するわけです。目の前の子どもは常に成長過程にあるので、「ここがダメだ」と思うのではなく「次に育つのはここだ」と捉えて関わりましょう。

非認知能力を育てるために
してはいけないこと

ポイント
1

指示で動かす

　子どもはどんなに小さくても、人格をもった人として尊重されなくてはなりません。「自分の行動は自分で決める」という主体的な生き方が守られるべきです。

　ですから、「大人の指示に素直に従う子ども」を育てるのではなく、自分の頭で考えて、自分で決定する経験を重ねさせなければなりません。つまり、子どもに指示してその通りにさせる、というやり方では、子どもの発達に必要な経験にはならないのです。「指示待ち人間」をつくってしまう危険さえあります。誰かに言われなければ動けないのは、自分で目的を見つけられないということです。

　ぜひ経験させたいことがあっても、それをやらせるのではなく、その子が自らやりたくなるように環境をつくり、自分から取り組んだと本人が思えるようにする必要があります。「言われた通りにちゃんとできてえらかったね」というほめ言葉は不要です。

ポイント
2

無視する

ちょっと
待ってね〜

あそぼ〜

　子どもが働きかけてきたのに、忙しいから、構っていられないから、と知らん顔をするのはいけません。子どもは、自分の働きかけが届かなかったと思うと、無力感を感じます。「保育者はわかっているのに、わざと無視した」と感じると、子どもはさみしい気持ちでいっぱいになるでしょう。相手にされる価値のない存在なのかと失望し、自分を大事にできなくなるかもしれません。

　ですから、たとえ忙しくても笑顔を向けて、「ごめんね。今忙しいからちょっと待ってね」と言いましょう。「ちゃんとあなたの存在を認めているよ。受けとめているよ」というメッセージを、表情や言葉で知らせる必要があります。

　また、注意しなければならないのは、子どもが悪いことをしているのに、見ていても無反応でいることです。子どもは「保育者は見ているのになにも言わない＝やっていいこと」と認識するからです。

なんでもやってあげる

　子どもが困難にぶつかった際、「できないから手伝って」と言ってきたり、あきらめてやめようとしたりすることもあります。そんなとき、すぐに手を貸すことは避けたいものです。「子どもが困っているときに、すぐに手を差し伸べるのが保育者の仕事、それが親切で優しい保育者」というわけではないのです。それは、子どもが困難を乗り越えようとする力の育ちを阻害することにもなるので、注意が必要です。

　子どもが困っていたら「どうしたの？」と問い、なにがうまくいっていないのかを子どもが自分の口で言えるように促します。正しく事実を認識させるねらいもあります。

　「そうか、困ったね」「どうしたらいいだろうね」保育者もそこでともに考えましょう。あまり困難が大きすぎるなら、手を貸すこともありますが、最後は自分の力で乗り越えられた、と子どもが感じ取れるようにしたいものです。

過剰にほめる

　子どもが自分の力でやり遂げたことや、工夫したことなど、保育者は子どもを大いにほめます。子どもはほめられるとうれしくなり、自己肯定感を高め、自信をもちます。ただ、気をつけなければならないのは「ほめすぎない」ということです。なんでもかんでもほめていると、子どもは自分がやりたいことをするのではなく、保育者がほめてくれそうなことをして、「先生、見て」と声をかけ「すごいね」と言われると満足するようになります。「ほめてもらうため」というのが動機になってしまうのです。

　ほめる言葉は「すごいね」「えらいね」「かっこいいね」という言葉より、「ここを工夫したんだね」「○○ちゃんに貸してあげたんだね」「なわとび10回跳べたんだね」というような、事実を認めるようにしたいものです。子どもは事実を言葉にされただけで、認められた、ほめられた、と感じます。子どもが本当にやりたいことを見つけられるように見守りましょう。

「がんばれ」と言い続ける

　保育者はいつも子どもたちを応援しています。よりよく成長するようにと願い、励ましています。少しでも早く歩けるようになってほしい、トイレを自立させたい、鉄棒で前回りができるようにさせたい、など次々と課題を設定してがんばらせてはいないでしょうか。

　考えてみれば、「がんばれ」といつも言い続けられるのは、子どもにとって負担です。大人だって、いつも「がんばれ」と追い立てられたら辛くなるでしょう。休みたいときもあるし、今は自分を癒したい、と思うときもあるはずです。それは子どもも同じです。

　特に食事の時間、苦手な物も食べてほしい、残さないで食べさせたいという思いから「がんばれ」と連呼するのは間違っています。食はがんばるものではありません。食は生きるための営みであり、安心しておいしく味わう時間なのです。「がんばれ」以外の言葉で励ますことも、考えましょう。

Q&A

ここでは、認知能力・非認知能力についてのよくある疑問と、その解説を紹介します。頭のなかの「？」を減らし、非認知能力への理解をより深めていきましょう。

Q1 認知能力ばかり高めると、どうなるの？

A 認知能力の高め方もさまざまなので、一概には言えませんが、目に見える力を上げようとすると、「トレーニング」になる危険があるでしょう。暗記力を鍛え、計算力を高めるために、どのような方法があるか、イメージしてみてください。

子どもが楽しいと感じながら行う活動でこそ、子どもは発達に必要な経験を重ねることができますが、嫌々している活動や、やらされている活動では、効果が得られないばかりか、弊害が生じる可能性もあります。トラウマになる場合もあるのです。

ですから、認知能力を高めたい場合には、子どもが自ら取り組みたくなるような状況をつくり、やっていて楽しいと思える経験をする必要があります。

一方、認知能力ばかり高め、非認知能力を高めなければ、人との関わりがうまくできず、自分の感情もコントロールできません。それで幸せに暮らせるとは思えないでしょう。やはり非認知能力もバランスよく高めていく必要があります。

Q2 認知能力を高める活動には、意味がないの？

A そんなことはありません。テストで測れる能力も、測れない能力も、どちらも高める必要があります。車の両輪だと思ってください。どちらか片方だけ高めても、車は前には進まないのです。

Q1でお答えしたように、子どもは自ら取り組み、楽しさを感じる活動のなかで、能力を身につけていきます。たとえ困難にぶつかって嫌な思いをしても、「あきらめず粘り強くトライし続ければ、きっと乗り越えられる」という自分を信じる力があれば、その後に大きな達成感と喜びに包まれるでしょう。

また、「認知能力を高める活動」と「非認知能力を高める活動」は、きっぱりと分かれているわけではありません。「なわとびを10回跳びたい！」と目標をもって取り組む子どもは、跳び続けているうちに、粘り強さも身につけています。達成すれば自己肯定感も得られます。そして、なわとびを10回跳ぶ能力（技術）も体得するのです。

Q3 「生きる力」って、なんのこと？

A 脱ゆとり教育を目指して2008年に改訂された学習指導要領の目標のひとつとして、打ち出されたのが「生きる力」です。変化の激しいこれからの社会を生きるために、確かな学力、豊かな人間性、健康・体力の「知・徳・体」をバランスよく育てることが大切だとされました。
●基礎的な知識・技能を習得し、それらを活用して、自ら考え、判断し、表現することにより、さまざまな問題に積極的に対応し、解決する力
●自らを律しつつ、他人とともに協調し、他人を思いやる心や感動する心などの豊かな人間性
●たくましく生きるための健康や体力

これらは2018年改訂の新しい学習指導要領（教育要領）でも受け継がれています。特に2つめの「豊かな人間性」が非認知能力と重なる部分が多いと考えられます。

Q4 非認知能力は、どのくらいで身につくの?

A どこまで身についたら完成、ということはありません。2歳児には2歳児に、5歳児には5歳児、小学1年生には小学1年生にふさわしい非認知能力があります。日常の保育生活で必要な経験をするうちに、らせん状に積み重ねられていきます。

ですから、4歳児でここまで身についたから、5歳児では少し手を抜いていいだろうと考えるのではなく、5歳児なりの非認知能力が得られる体験を重ねる必要があります。

気をつけなければならないのは、忍耐力をつけるためにがまんをさせすぎるなど、やりすぎてしまうことです。子どもの生活は常に「楽しい」ことが前提にあり、苦しさを強いることはマイナスでしかありません。未来の楽しいことのために、少し自分を抑える経験をすることはあっても、修行僧のようなことをさせるべきではありません。

子どもが成長できるチャンスを捉え、過不足なく状況をつくるようにしましょう。

Q5 非認知能力が身についたことは、わかるの?

A 非認知能力は目に見えず、測定することもできません。生活する姿のなかから保育者が読み取るしかないのです。

子どもの「困った行動の姿」や「成長が見られたうれしい姿」を記録する習慣をつけましょう。エピソード記録の形で場面を詳しく記述する方法がおすすめです。(「非認知能力の育ちを読み取ろう!」31ページ他、参照)そうすることでどのような能力が身についていて、ついていない能力はなんなのかがわかってくるでしょう。

それを同僚たちと読み合うことで、非認知能力を感じる力も養われるはずです。

Q6 今までの「ねらい」のままではだめなの?

A 今までのねらいにも入っていた「がんばる力」や「思いやり」も、大切な非認知能力です。言葉の背景にはその園なりの文化がありますから、共通理解をした上で、ねらいや内容に入れてください。

そして保育をした後に、どのような姿に「がんばる力」が育ったと感じたかを、考察(振り返り)に記しておくことが重要です。また、どのような場面で「思いやり」が表れていたのか、具体的に指摘できなければなりません。そのような姿を支えるために、保育者はどのような援助をし

たのかも問われます。

非認知能力を意識して保育にあたることは重要です。だからといって「がんばる力」をつけるために、「ガンバレ、ガンバレ」と励ますだけでも、「○○ちゃんにしてあげることはない?」と、思いやりを促しているような言葉をかけるだけでも、身につくものではありません。保育内容、援助のポイント、環境構成を園全体で吟味する必要があるでしょう。

10の姿と非認知能力の
関連について

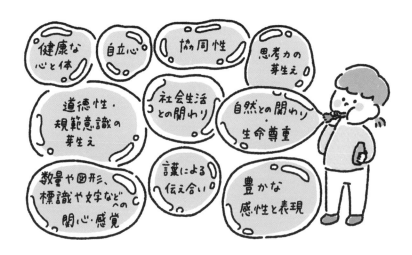

　「幼児期の終わりまでに育ってほしい姿」（文部科学省）のなかに、非認知能力の多くが含まれています。例えばその姿のうちのひとつである「健康な心と体」を取り上げてみましょう。「園生活の中で、充実感をもって自分のやりたいことに向かって心と体を十分に働かせ、見通しをもって行動し、自ら健康で安全な生活をつくり出すようになる」（「幼稚園教育要領」前「保育所保育指針」より抜粋）とあります。「自分のやりたいことに向かう」ためには、自分で考えて決めることが不可欠です。つまり、主体性が育っていなくてはなりません。それに充実感を感じていなくてはなりません。充実感を感じているかどうか、これも測定することができない非認知能力です。「見通しをもって行動する」も、もてたか、もてていないかだけが問題なのではなく、「どの程度見通せたか」、「見通した結果、どのように行動したか」が重要です。その育ちはなかなか目に見えませんし、チェックシートでも測れません。

　次に「協同性」を見てみましょう。「友達と関わる中で、互いの思いや考えなどを共有し、共通の目的の実現に向けて、考えたり、工夫したり、協力したりし、充実感をもってやり遂げるようになる」（前掲より抜粋）とあります。このなかに数値化できるようなものは見当たりませんね。友だちとのコミュニケーション能力、思いや考えを共有する力、共通の目的をもつ力、協力すること、やり遂げること、すべてが非認知能力です。

　つまり、乳幼児期に育みたいものの多くは非認知能力なのです。このように、改めて10の姿を読むと、多くの非認知能力が育っていなければ到達できない姿であることがわかるでしょう。

Ⅱ章

....

0歳児

0歳児

首がすわり手足の動きが活発になるなど、
著しい発育と発達が見られますが、
月齢によってや個々の発達に大きな差があります。
この時期には、子どもの要求に適切に対応することで、
人に対する基本的な信頼感が育っていきます。

伸ばしたい 非認知能力

信頼感

生活やあそびのなかで、「心地よい」「楽しい」「うれしい」など、よい状態にしてくれる人と関わりながら、「この世界や人は、安心できるいいものだ」という信頼感が育ちます。この信頼感が土台になり、さまざまな非認知能力へとつながっていきます。

おすすめのあそびや活動

- ●ゆさぶりあそび・あやしあそび・ふれあいあそび
- ●子どもが発した喃語に対して、保育者が真似をして返すような、やりとりあそび
（例）P.32「わらべうた」/P.37「まねっこリズムあそび」

自己肯定感

不安なこと、怖いこと、不快なことについて、泣いて要求を表現する時期です。そのような子どもの要求に対し、応答的に応えることで「自分はよい状態にしてもらえる存在なんだ」という、自分自身を肯定する力がついていきます。

おすすめのあそびや活動

- ●スキンシップのとれるふれあいあそび
- ●リズムを感じて体を動かす
- ●「どうぞ」「ちょうだい」など物を渡したりもらったりする、やりとりあそび
（例）P.32「わらべうた」/ P.37「まねっこリズムあそび」

身体感覚

抱っこをされたり、あやされたり、触れられたりすることで、自分の体を知ることができ、身体感覚が育まれます。見たり、聞いたり、触ったりすることが十分できるよう、意識して環境を用意します。

おすすめのあそびや活動

- **体の感覚を心地よく感じる**ことのできるわらべうたあそび
- **保育者を真似て歌おう**としたり、**手をたたいたり**、全身でリズムをとる
- **寝返りやはいはい**を促す

（例）P.30「ヒラヒラうちわ」/P.32「わらべうた」/P.35「靴下ボール」/P.36「感触・音あそび」

好奇心

信頼感や自己肯定感を土台に、未知の物事や事柄に対して、興味をもったり、期待したりする力が芽生えます。この「おもしろそう」「やってみたい」という好奇心がもとになり、探究心につながったり、身体感覚を育むきっかけになったりします。

おすすめのあそびや活動

- **動きや音を目で追う**あそび
- **手で握る**ことのできる玩具でのあそび
- やわらかいボールを、転がしたり、投げたり、**それを目で追ったり、手を伸ばして触れようとする**あそび

（例）P.30「ヒラヒラうちわ」/P.33「音出しあそび」/P.35「靴下ボール」

探究心

「おもしろそう」という好奇心から、もっと知りたい、という気持ちが芽生えます。その気持ちが手を伸ばしたり、物をつかもうとしたり、という動きの原動力となり、運動機能の発達につながります。

おすすめのあそびや活動

- **物の出し入れ**を楽しむ
- **鏡や布**を使った「いないいないばあ」あそび

（例）P.33「音出しあそび」/P.34「引っぱり出し」

気づき

物事や人に対して、好奇心や探究心が発揮されるなか、子どもなりの気づきが多くあります。そのような気づきが、さらなる好奇心や探究心に発展したり思考力へとつながったりします。

おすすめのあそびや活動

- **いろいろな感触の違い**が感じられるあそび
- **触れたり動かしたり**することで、音の出る玩具でのあそび
- **散歩や砂あそび**など、自然物に触れる

（例）P.36「感触・音あそび」

共感性

心地よい状態や、楽しい気持ちを、応答的な関わりのなかで味わいながら、他人の状態や気持ちにも共感するようになります。

目と手の協応

目から入った情報に合わせて、手の動きを合わせる力です。この動きが探索活動にもつながります。

＼＼ 0歳児の発達 ／／ と保育者の関わり

子どもの要求にていねいに応えることで、感覚機能も運動機能も向上していきます。

自我・社会性・言語・認識

身近な人の顔を識別します。探索活動も活発に、感情表現も豊かになります。

身近な大人の顔を認識する

人と目を合わせることができるようになり、目が合うと微笑んだり喜んだりするようになります。また身近な大人の顔を区別・認識できるようになります（5ヶ月頃〜）。

保育者の関わり

喃語や発声など、子どもが表現するものに反応し（顔を覗き込んだり、喃語を真似したり、応答するなど）、コミュニケーションの楽しさを伝えるように働きかけます。

【非認知能力につながる！】

身近な大人と、ゆさぶりあそび・あやしあそび・ふれあいあそびなど、スキンシップを楽しむあそびを通して「信頼感」「自己肯定感」が育まれます。

探索活動が活発になる

目で見て確認をする動きと、手で物に触れて確認をする動きがつながり「探索活動」ができるようになります（9ヶ月頃〜）。

保育者の関わり

全身を動かし、身近な物に触れることができる環境をつくることで、興味や意欲を引き出します。

【非認知能力につながる！】

固い、やわらかい、ザラザラしている、ツルツルしているなど、さまざまな感触の遊具に触れるあそびを通して「探究心」「好奇心」が育まれます。

言葉の理解が進む

大人の言葉を真似したり、簡単な単語がわかったりするようになります。感情表現も豊かになります（11ヶ月頃〜）。

保育者の関わり

あそびや生活に歌を添え、日常的にリズムあそびを行うことで、やりとりを楽しみ、言葉の獲得につなげます。

【非認知能力につながる！】

保育者を真似て歌おうとしたり、手をたたいたり、全身でリズムをとるあそびを通して「自己肯定感」「信頼感」が育まれます。

運動機能　8ヶ月頃には、はいはいを始めます。
あたたかなふれあいのなかで、身体感覚が育ちます。

首がすわる

首がすわり、手足の動きが活発になり、音や声のする方に顔を向けるようになります（3ヶ月頃～）。

保育者の関わり

子どもの要求や興味をもっているものを観察し、仰向けや腹ばいになっている子どもと目線を合わせ、理解に努めます。

【非認知能力につながる！】

オーガンジーなどの布を揺らし、動きを目で追うあそびを通して「身体感覚」「好奇心」が育まれます。

興味をもった物をつかむ

てのひらの内側に入っていた親指を、外側に出せるようになり、興味をもった物に手を伸ばし（リーチング）たり、つかんだりします（5ヶ月頃～）。

保育者の関わり

手の動きを促すよう、手が届く場所に吊り遊具を用意したり、触れたことで音がするような遊具を用いたりします。子ども自身が働きかけることを楽しいと感じられる環境をつくります。

【非認知能力につながる！】

音を出したり、振ったりするあそびを通して「好奇心」「探究心」「気づき」が育まれます。

両手を自由に使う

座ることができるようになります。また、両手を自由に使えるようになり、持ち替えたり、両手で異なる動きをしたりします（7ヶ月頃～）。

保育者の関わり

物がつかめるようになると、それを口に入れて誤飲する恐れもあります。触ってほしくない物は遠ざけます。

【非認知能力につながる！】

布などを引っぱり出したり、入れたりするあそび（ティッシュペーパーを引っぱり出すような）を通して「好奇心」「探究心」「気づき」が育まれます。

行動範囲がひろがる

はいはいができるようになり、段差や障害物を乗り越えられることで、行動範囲がひろがります（8ヶ月頃～）。

保育者の関わり

活発に動き回ることができるよう、安全で衛生的な保育環境を整えます。また、子どもの衣服も動きやすさに配慮したものにします。

【非認知能力につながる！】

布製などのやわらかいボールを用意し、転がしたり、投げたり、それを目で追うあそびを通して「身体感覚」「好奇心」が育まれます。

ヒラヒラうちわ

うちわをパタパタ動かすと、布がヒラヒラと美しくゆらめきます。
子どもが目で追いやすいように、初めはゆっくりと扇ぎましょう。

身体感覚

うちわを扇いで送る風を、顔などの皮膚が感じます。目に見えないのに顔にあたってくるものの存在と、布がヒラヒラ動く様子を楽しみます。顔に布が触れる感触も喜ぶでしょう。

好奇心

揺れ動く布に好奇心を抱き、じっと見つめます。「なんだろう」と興味をもち、目で追うでしょう。集中力につながる入り口です。

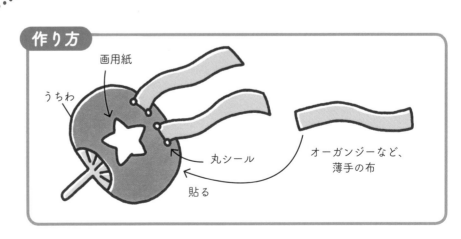

作り方

画用紙

うちわ

丸シール

貼る

オーガンジーなど、薄手の布

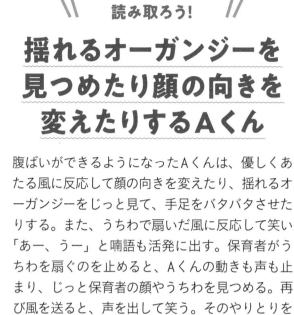

非認知能力の育ちを読み取ろう！

揺れるオーガンジーを見つめたり顔の向きを変えたりするAくん

腹ばいができるようになったAくんは、優しくあたる風に反応して顔の向きを変えたり、揺れるオーガンジーをじっと見て、手足をバタバタさせたりする。また、うちわで扇いだ風に反応して笑い「あー、うー」と喃語も活発に出す。保育者がうちわを扇ぐのを止めると、Aくんの動きも声も止まり、じっと保育者の顔やうちわを見つめる。再び風を送ると、声を出して笑う。そのやりとりを何度も繰り返し行った。

読み取れる非認知能力の育ち

「好奇心」「身体感覚」「信頼感」

揺れるオーガンジーをじっと見つめる視線と、その後、興味をもって手足をバタバタさせる様子から、好奇心をもって見つめていることがわかる。また、興味があるものに対して目で追う追視もあり、身体感覚が育っているのだろう。保育者の働きかけに対し、笑ったり声を出したりする反応から、信頼感も育っていることを感じた。

今後の援助の方向性

身体感覚も育ち、信頼関係も少しずつ築けているので、次は物を介さない、わらべうたで一緒にあそんでみたいと思う。触れあったり、体を動かしたりして、コミュニケーションを楽しみ、より信頼関係を深めていきたい。

信頼感

子どもの期待に応え、風を起こす、といった応答的なあそびのなかで、「自分の期待に応えてくれる人」という信頼感が培われます。

ポイント

扇ぎ方は初めに横方向にして、子どもに風を感じられるようにします。ゆっくりのそよ風から、だんだん激しい強風にすると楽しめるでしょう。下から上に扇ぐのもおすすめです。

わらべうた

安心できる保育者に抱っこされて歌ってもらう、わらべうた。あたたかい声と
心地よいリズムで、ゆったりと体を保育者に委ねることができるでしょう。

ごーろ
ごろー♪

リズム感

ゆっくりとしたテンポで、拍の
頭に「トン」と体をゆすられた
り、動作が入ったりします。リ
ズムの繰り返しを、心地よく感
じるでしょう。

信頼感

保育者を全面的に信頼し、体を
あずけています。歌に合わせて
体の部位をツンツンされたり、
手を握り合ったりすることを喜
びます。

自己肯定感

あたたかで心地よいふれあいを通して、
「自分は受け入れられる存在だ」という
気持ちが、自然に芽生えます。

おすすめのわらべうた

「いちり にり さんり」
「ちっち ここへ」
「ちょち ちょち あわわ」
「はなちゃん」
「ぎっちょ」
「いもむしごろごろ」

ポイント

気に入ったわらべうたを、繰り返し歌って
楽しんでください。耳馴染みのある歌は、
子どもも覚えて、動きを予期して待ち受け
ます。期待に応えることが大切です。

あそびの なかで育つ 非認知能力 3

音出しあそび

手作りのマラカスを振って、音を鳴らす楽しさを味わいます。
マラカスにより、音が違うことにも気づくでしょう。

好奇心

手に持つと、中に入っている物が動いて音がします。1回振ると1回、2回振ると2回音がします。自分が働きかけただけ反応を返してくれるマラカスに興味をもち、何度も振ってみたくなります。

気づき

中に入れる物を代えると、音も変わります。入れる物を多めにするか、少なめにするかでも、音の鳴り方は変化します。数種類を用意して、選べるようにするとよいでしょう。

 **作り方**

カラービニールテープ
画用紙の人形
小さめのペットボトル
大きめのビーズ

カプセルトイのケース
（大きさが違うもの2コ）
①穴を開け、綿ロープを通して結ぶ
②ビーズを入れる
③組み合わせ、カラービニールテープを貼る

 **ポイント**

初めは一つひとつの音を味わいます。次にリズミカルに鳴らす楽しさを感じられるようにします。保育者が口ずさむ歌に合わせると、さらにおもしろい体験になりますね。

引っぱり出し

ティッシュペーパーを引っぱり出すのが楽しい時期です。
引っぱるとどんどんカラフルなハンカチが出る手作り玩具であそびましょう。

好奇心

入れ物の上にハンカチが少し出ているのを見つけます。これはなんだろうと近づき触っていると、ハンカチを引っぱると引き出せることに気づきます。「お！」と心が動き、「おもしろそうだ」と思います。

探究心

「なんだろう」「どうなっているんだろう」が探究心の始まりです。「この先はどうなっている？」「どこまで続く？」と思いながら出し続け、終わりまで見届けようとします。

作り方

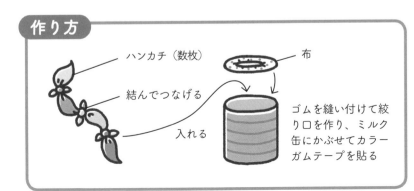

ハンカチ（数枚）

結んでつなげる

布

入れる

ゴムを縫い付けて絞り口を作り、ミルク缶にかぶせてカラーガムテープを貼る

ポイント

友だちがしていることを見ると、刺激になります。同じものを2、3個一緒に出しておくといいですね。「あら？」「どんどん出るね！」と驚きの声を添えると、喜びはさらに膨らみます。

靴下ボール

丸いボールは転がりすぎますが、
このボールは長細く曲がっているところがよいのです。
視野に収まる範囲で、楽しく投げ合いましょう。

身体感覚

やわらかな手ざわりを感じます。ほっぺたにくっつけてみる子も、両手で引っぱったり、ねじったりする子もいるでしょう。十分に対象物に関わり、知る活動をします。

好奇心

保育者の投げたボールの動きを、目で追います。ボールが近くに来ると、好奇心が刺激され、手を伸ばして取ろうとします。

作り方

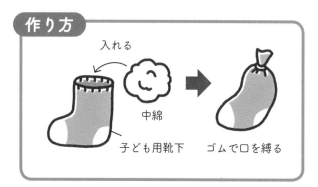

入れる

中綿

子ども用靴下

ゴムで口を縛る

ポイント

中綿だけでなく、ビーズのボール、ペットボトルキャップのボール、鈴を入れて音が鳴るようにしたボールなど、持った感触が違うものを用意してもよいでしょう。

感触・音あそび

さまざまな手ざわりを味わうことで、皮膚の感覚が鋭敏になります。
また、振ると音がするように、中に鈴などを入れ、聴覚も刺激しましょう。

身体感覚

ザラザラ、フワフワ、ガタガタな手ざわりを味わいます。「動かすと中になにかが入っている」と感じ、ゆすると音がすることも知ります。

これは
どんな音かな？

チリン
チリン♪

気づき

包んである素材の違いに、触ると気づくことができます。
音の違いも感じられるはずです。「あれ？」「これは？」
と他の箱を出し、比べられるようにしましょう。

作り方

鈴　ビーズ　ペットボトルのふた

などを入れる

紙パック　ガムテープを貼る

いろいろな素材で包む

サンドペーパー
（ザラザラ）

タオル生地
（フワフワ）

片段ボール板
（ガタガタ）

ポイント

カラフルな色や柄や模様の箱を意識しましょう。色が地味だと、子どもにとって魅力がありません。ザラザラはあまり心地よくないので、音はとびきりすてきに作ってください。

あそびの
なかで育つ
非認知能力

7

まねっこ
リズムあそび

保育者が、身ぶり手ぶりをしながら楽しく歌います。
おもしろい決めポーズを一緒にやろうと呼びかけ、まねっこを楽しみます。

上手
上手!

目と手の協応

保育者の動きをよく見て、同じように自分の体を動かします。目と目が合うことが重要です。

自己
肯定感

子どもの動きや喃語に対して、うなずいたり、真似をしたりする応答のなかで、「自分の存在が受けとめられた」という自己肯定感の育ちへとつながります。

信頼感
共感性

保育者の楽しそうな雰囲気を感じ、自分も同じことをするなかで、一体感を感じます。体は共鳴し、同じところで揺れたり動いたりします。

ポイント

短いフレーズで、簡単なポーズが繰り返しできるような曲を選びましょう。「○○ちゃん、上手、上手」と笑顔で認め、明るく楽しい雰囲気をつくります。

日常の生活で

あたたかな雰囲気のなかで、自分の欲求を満たす関わりを受け、
安心して成長します。泣き声、喃語、表情、体全体の
表現を読み取り、適切に対応しましょう。

信頼感

特定の保育者との親しい関係を構築します。十分な愛情を受けることで安心し、保育者に体を委ねます。不快を表したらケアしてもらえることを感じています。

好奇心

音の鳴る玩具や転がるボールなど、さまざまなものに興味をもち、つかんだり振ったりなめたりして自分から関わります。近くにいる子どもを見たり、手を伸ばしたりもします。

認識力

特定の保育者の顔や声を認識します。他の保育者が抱こうとすると、違うことを判別し泣く場合もあります。特定の人には笑顔を見せますが、見慣れない人の顔はじっと見ます。

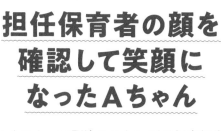

**非認知能力の育ちを
読み取ろう!**

担任保育者の顔を
確認して笑顔に
なったＡちゃん

Ａちゃんにとって馴染みのない延長保育担当の保育者が、補助でクラスに入った際、Ａちゃんに音の鳴る玩具を向けると、じっと保育者の顔を見つめ、しばらくして泣き出した。その後、担当保育者がＡちゃんのもとに行くと、顔を確認して泣きやんだ。担当保育者が再び音の鳴る玩具をＡちゃんに動かしながら向けると、手を伸ばしたり、声を出したり、動きに合わせて顔を動かしたりと笑顔で活発に動き始めた。

読み取れる非認知能力の育ち

「認識力」「信頼感」
「好奇心」

自分にとって馴染みのある保育者か、そうでないか、ということを認識する力が育っていることがわかる。泣いていても、担当保育者を見て泣きやむことから、担当保育者に対して信頼を寄せていることを感じた。また、音の鳴る玩具に手を伸ばしたり、視線を向けたりする姿から、興味・関心をもって関わろうとする好奇心も育っている。

今後の援助の方向性

好奇心の育ちから「触れてみたい、手にもちたい」という意欲を感じるので、Ａちゃんにとって心地のよい刺激となる、安全な玩具を用意したい。そして手からさまざまな感触を味わう機会を増やし、身体感覚をさらに伸ばしていきたい。

バランス感覚

自発的に手を伸ばして物をつかんだり、ずりばいをしたり、つたい歩きをしたりして、体を動かしながらバランスをとることを体得します。ひとり歩きができる喜びは格別です。

ポイント

抱っこしたりあやしたり話しかけたりと、保育者は愛情をもってにこやかに働きかけます。子どもが泣いたらすぐに駆けつけ、不快の原因を取り除きます。保育者も幸せを感じていることが大切です。

自分で食べる!

手づかみ食べが上手になったら、スプーンをもたせます。
初めはうまくすくえませんが、自分で食べようとする意欲を認めます。

手指の操作
挑戦意欲

スプーンを使いこなすには、指への力の入れ具合や手首の返しなど、筋肉を巧みに動かす必要があります。失敗を繰り返しながらも挑戦し続けるうちに、だんだんと上手になります。

自立心

人の手をかりず、自分でやり遂げようとする気持ちが育っています。こぼしても叱られず、自分の行為を認められることで、さらにその気持ちが強まります。

ポイント

こぼしてもよいよう、テーブルや床にはシートを敷きます。また、袖は肘までめくり、スタイ（よだれかけ）を付けます。初めは上から握りますが、慣れたら下から握らせ、三点持ちになるようにします。

保育場面
で育つ
非認知能力

3

探索活動

ずりばいや、はいはいで動けるようになった子どもは、移動を楽しみます。
つかまり立ちをすると視界が開け、新しい景色が見えてきます。

バランス感覚

なだらかな斜面や段差、くぐることのできるトンネルや隠れる場所などを自由に探索することで、体の動かし方やバランスの取り方を体得します。

手指の操作
気づき

スイッチやボタンなど、押すと変化が生じることに気づき、繰り返し楽しみます。穴に指を入れ、中の物をほじくり出すこともあります。

探求心
主体性

行きたいところへ行き、手を伸ばして、そこにある物に触ります。見たりなめたり匂いをかいだりして、物に関わります。

ポイント

安全に配慮しながらも、興味・関心を引き出し、おもしろさや不思議さを感じられる環境が求められます。誤飲を招くような物は、排除を徹底します。

喃語でおしゃべり

意味はありませんが、音声を発することを楽しむかのように、
おしゃべりしているような喃語を発します。
「お話しているのね」と受けとめ、やりとりを楽しみましょう。

自尊心

自分が出そうと思ったら声が出ることを知ります。自分の声を聞いて、また確かめるように喃語を繰り返します。自分はここにいること、声を出せる存在であることを感じています。

自己肯定感
共感性

自分が声を出すと、保育者が笑顔で応えてくれることを感じます。声のやりとりをしながら、ともにいることの心地よさを味わいます。

あぶぶ

なむー

はーい

だぁー

信頼感

喃語に優しく応える保育者に、「この人は自分を受けとめてくれる」という信頼感が生まれます。

ポイント

喃語を話し始めたら、できるだけ応えたいものです。自分の声が保育者に働きかけ、保育者を動かしたと感じられると、もっと声を出そうとする動機になります。

保育場面
で育つ
非認知能力
5

泣いて訴える

泣くには理由があり、それに気づいてほしいのです。
大人がそれに応えて快適な状況をつくると、安心して泣きやみます。

自尊心

不快だからなんとかしてほしいと、泣き声で訴えます。私はここにいて、不快なことを主張しているのだと全力で発信します。ケアされればケアされるにふさわしい、大事な存在となります。

身体感覚

おむつが濡れたりおなかがすいたり、体に不快を感じると泣き始めます。暑かったり寒かったりすることにも敏感です。

伝える力

泣けば大人が来て、世話をしてくれることを感じ取ります。泣いて呼んでいるのです。泣いても放置されている場合、次第に泣かなくなります。

ポイント

子どもが泣いたら、なにが原因かを読み取り適切にケアします。その際、黙って行うのではなく、「おなかすいたのかな？　抱っこかな？」「わかったよ」と、笑顔で声をかけながら世話をしましょう。

いたずらは非認知能力が
育つチャンス！

子どもにいたずらをされると、大人は困ってしまうことが多いかもしれません。「なにしているのー。もう、まったく！」と嘆き、叱る場合もあるでしょう。でも、ちょっとお待ちください。実はいたずらこそ、子どもの非認知能力が育つチャンスなのです。

いたずらができるということは、対象のおもしろさに気づき、自分であれこれ試しているわけです。子どもは大人を困らせようと思って、いたずらをするのではありません。「なんだこれ？おもしろいな。触ってみよう」などと、物に関わっているうちに、倒したり、ひっくり返したり、くしゃくしゃにしたりしてしまうのです。これは立派な探索活動です。手ざわりを確かめ、固さ、やわらかさを味わい、なめたり、振ったり、投げたりしながら、その物の特性を知っていくのです。

ティッシュペーパーを1枚引っぱり出すと、あら不思議、次のペーパーが立ち上がります。ティッシュペーパーが子どもに「私も引っぱって」と誘います。子どもは手を伸ばし、ペーパーをシュッ！　シュッ！　シュッ！　手ざわりはフワフワ。シュッ！　という音も心地いい。みるみるうちに、部屋はティッシュペーパーに埋もれていきます。全部引き出した子どもは、もう出なくなったことも感じています。物事には終わりがあることを知る経験にもなっているのです。

大人はこの状況にびっくりしますが、決して叱らないでください。取り返しのつかないことにはなっていません。ティッシュペーパーはまだ使えます。「○○ちゃん、ティッシュペーパーをシュッって引っぱるの、楽しかったね」と共感しましょう。

「まだ使えるから、たたんでおこうね」と子どもの目の前で、ていねいに1枚1枚たたんで重ねます。「鼻水が出たら、これで拭こうね」と言いながら……。物の特性を体を通して知り、やりたいことを主体的に存分に行い、満足感を得ています。自己肯定感、主体性、挑戦意欲が育っているといえるでしょう。

Ⅲ章

·····························

1歳児

1歳児

歩行の確立により、身近な人や身の回りの物に
自発的に働きかけるようになる時期です。
自我の芽生えとともに「イヤイヤ」という
姿も増えます。子どもの気持ちを受けとめながら
「楽しい！」と思える活動を数多く用意しましょう。

＼伸ばしたい／ 非認知能力

信頼感

できることが多くなった自分へ、あたたかな応答を
する身近な人に、より信頼を寄せるようになります。
この信頼感が人と関わる力の土台になります。

おすすめのあそびや活動

- 大人と子どもが**一緒に口ずさめる**ような歌を
  歌う
- まてまてあそびなど、**大人と1対1で行う**あ
  そび
（例）P.50「まてまてあそび」

自己肯定感

歩行の確立や、手指の動きなどの著しい発達により、
自分の要求を、自分で満たす手立てが増えます。そ
のことにより、自分の存在を確かなものとして感じ
ることが、自我の芽生えへとつながります。

おすすめのあそびや活動

- わらべうたあそびや、ふれあいあそびなどで、
  言葉の繰り返しを楽しむ
- **歌ったり、手をたたいたり**することを真似し
  たあそび
- 絵本の読み聞かせのなかで、**食べる真似など**
  一緒に楽しむ
（例）P.55「小麦粉ねんど」/P.56「布絵本」

身体感覚

活動範囲がひろがり、できることが増える喜びのなかで、全身を動かすあそびや、さまざまな感触に触れるあそびへ意欲的に取り組みます。そのなかで、より身体感覚が育まれ、充実感や達成感も感じるようになります。

おすすめのあそびや活動

- **はいはい**をしての追いかけっこや、歩ける子どもは坂道などの傾斜面や、でこぼこした不安定な道を歩く
- **引き車や押し車を動かしたり、箱を押したり**するあそび
- **砂、水、紙、布、粘土**など、さまざまな素材に触れるあそび

（例）P.50「まてまてあそび」/P.53「ビニールプールあそび」

手指の操作・目と手の協応

つまんだり、回したり、ねじったりなど、手指の操作が、あそびや生活のなかで育まれていきます。また視覚で認識する力も育つことによって、協応動作もスムーズになります。

おすすめのあそびや活動

- 感触を楽しみながら、**ちぎる・丸める・握る**ことのできる粘土あそび
- **型はめ・型落とし、シール貼り**あそび

（例）P.52「お弁当あそび」/P.54「かたち合わせ」/P.55「小麦粉ねんど」

探究心

手指の細かい動きが可能になることで、さまざまな物に触れ、探究心が伸びます。この探究心が探索活動へつながり、さらなる運動機能の発達を促します。

おすすめのあそびや活動

- **さまざまな感触の遊具**に触れる
- **砂や水をカップに**入れたり出したりする
- はっぱに触れたり、石を集めたりするなど、**自然物に触れる**
- **チェーンリング、洗濯バサミ、マジックテープ®**などを操作するあそび

（例）P.54「かたち合わせ」/P.57「植物あそび」

※「マジックテープ」は株式会社クラレの、面ファスナーの商標登録です。

好奇心

歩行が始まり、行動範囲がひろがります。それとともに、興味や関心のある物には積極的に自分から近づいたり、手を伸ばしたり、触れようとします。

意欲

思ったように体を操作できるうれしさのなかで、物事に対して期待感をもって関わります。この力が、少し難しいことでも挑戦してみようという気持ちへつながります。

感性

五感を通して感じる感覚を、豊かに経験し働かせることで、磨かれていく力です。創造力、探究心などにもつながります。

共感性

子どもの反応に、あたたかく応えるなど、心が通う体験が、共感性を育みます。

\\ 1歳児の発達 // と保育者の関わり

特定の大人を安全基地として、少しずつ人や物との関わりを増やします。

自我・社会性・言語・認識

意味を伴った言葉を使うようになり、
やりとりの幅がひろがります。

他者との交流がひろがる

後追いや人見知り、大人とのやりとりなど、他者とのコミュニケーションがひろがります。

保育者の関わり

子どもの感情を受けとめ、言葉にならない思いを保育者が言葉にし、人と関わる楽しさを伝えます。

【非認知能力につながる!】

ふれあいあそび、絵本の読み聞かせなど、大人と1対1で行うあそびを通して「信頼感」「自己肯定感」が育まれます。

絵を見て指差しをする

絵本を見て、興味があるものを指差したり、たくさんの絵のなかから、たずねられたものを探して見つけたりします。

保育者の関わり

子どもが立って手が届く壁に絵を貼ったり、日常的に絵本の読み聞かせを楽しんだりします。

【非認知能力につながる!】

絵本を読んでもらったり、布絵本をもったりめくったりするあそびを通して「自己肯定感」「信頼感」「共感性」「好奇心」が育まれます。

自我が芽生える

自分でなんでもしたがるようになります。一方で、できないことも多く、もどかしさから泣くこともあり、気持ちを立て直すのに時間がかかる場合もあります。

保育者の関わり

「自分でしたい!」という気持ちを受けとめ、できたところをほめたり、励ましたりすることで、気持ちの立て直しを支えます。

【非認知能力につながる!】

指先でつまんで、容器の穴にお手玉などを出したり入れたりするあそびを通して「手指の操作」「目と手の協応」「探究心」が育まれます。

意思や疑問を表す

使える言葉の語尾を上げ下げして、自分の意思や疑問を表します。

保育者の関わり

子どもが見つけた物や、興味をもった物に対して、発見を先取りせず応答的に関わり、言語でのやりとりを楽しみます。

【非認知能力につながる!】

身近な植物や生き物を見たり、触れたりするあそびを通して「感性」「好奇心」「共感性」が育まれます。

運動機能

**歩き出すようになり、手指の動きも活発になります。
探索を充実させる環境を用意しましょう。**

歩行が確立する

歩行が確立し、物をもって歩く、方向転換する、スピードを変えるなど、調整して歩きます。

保育者の関わり

十分に歩いたり、体を動かしたりできるように、保育室だけでなく、ホールや廊下、テラスなどの空間も活用して、日常的に運動あそびを取り入れます。

【非認知能力につながる！】

段ボール箱やビニールプールなどに出たり入ったり、また押したり引いたりするあそびを通して「身体感覚」「意欲」が育まれます。

興味をもった物をつかむ

手指の細かい動きが可能になり、親指と人差し指だけで小さな物をつまむ、回す、ねじるなどの動きも可能になります。

保育者の関わり

さまざまな手指、手首の動きができるようにします。また、大きさ、重さ、色なども多様に揃え、繰り返しあそぶことができるよう環境を整えます。

【非認知能力につながる！】

穴を開けた箱に形を合わせて積み木を落としたり、カップのふちに洗濯バサミをつまんでつけたりするあそび。また、さまざまな容器のふたを、手首をひねって開け閉めをするあそびを通して「手指の操作」「目と手の協応」「意欲」「探究心」が育まれます。

カップの水を移し替えることができる

カップの水を、別のカップに移し替えたり、スコップで砂をすくってバケツに振り分けたりするなど、複雑な操作ができます。

保育者の関わり

手指を使って自ら働きかけることで形が変わる楽しさや、感触の違いや心地よさが味わえるよう、さまざまな素材や道具を用意します。

【非認知能力につながる！】

水、粘土などの可塑性のある素材を使って握ったり、引っぱったり、ちぎったりするあそびを通して「身体感覚」「探究心」が育まれます。

※可塑性
固体に力を加えると自在に形を変えることのできる性質。

まてまてあそび

はいはいをする子どもを、保育者もはいはいで
「まてまて」と言いながら追いかけます。
追いついたら「つかまえた」とギュッと抱っこして喜びましょう。

信頼感

自分に関心を向けていることを感じ、うれしく思います。身近にいる人が自分を求めて追いかけてくれることは喜びです。ますます保育者に親しみを感じ、信頼します。

意欲

追いかけられることがわかると、体が喜びで躍動し、はいはいに意欲的になります。

身体感覚

子どもはうれしくて、はいはいのスピードが上がります。つまり、手足の筋肉や背中の筋肉がよく使われ、体力もついていきます。

こっちだよー

共感性

「おいで」「まてまて」など、相手の期待に応えてやりとりを楽しむなかで、共感性も育まれます。

ポイント

保育者が先にはいはいで進み、子どもに追いかけさせる場合、あまり長く逃げていると、子どもはさみしい気持ちになり、泣き出してしまうでしょう。子どもを不安にさせないよう早めにつかまり、「つかまっちゃった。ギュー」と抱きしめてください。

非認知能力の育ちを読み取ろう！

声をあげ、はいはいをするBちゃん

最初は、「まてまて」と追ってくる保育者を不思議そうに見ていたが、逃げること、追いかけられることをだんだんと楽しむようになった。「まてまて」の言い方に変化をつけたり、追いかけるスピードを上げたりすると、「きゃー」と声を上げながら、Bちゃんのはいはいのスピードも上がった。それから、たびたび後ろを振り返り、保育者の顔を見るとニコッと笑い、つかまえて一区切りつくと、満足そうな明るい笑顔を向けた。

読み取れる非認知能力の育ち

「身体感覚」「信頼感」

初めはゆっくりとはいはいをしていたが、続けるうちに速度が上がった。そのスピードを保ちながら、一定時間はいはいをする体力がついてきたことがわかった。また、保育者の姿を確認して、追いかけられることを楽しみ、笑顔になり、安心してのびのびとあそぶ様子から、信頼感の育ちを感じた。

今後の援助の方向性

次回は保育室内だけではなく、廊下の直線など、保育室外でも存分にはいはいができる環境を用意したい。その際、壁や机、他のクラスの子どもの動きなど、周囲の安全を確認し安全に行いたい。

お弁当あそび

弁当箱の中にお手玉などを入れて、自分のお弁当を作ります。
ままごと用玩具の食べ物なども、あれば使用してください。

準備するもの

・弁当箱　・お手玉

おにぎり
トン！

想像力

食べ物をつめてお弁当を作るイメージをもつためには、弁当箱が本物である必要があります。入れてフタをする、フタを取って中を見る、の繰り返しを楽しみます。

手指の操作

指先でつまんで、弁当箱の中に入れたり出したりします。目で見たものと、手の動きの調和がとれています。

ポイント

「おいしいお弁当を作ろうね」「なにを入れる？」「おにぎり、トン」「○○、トン」など、子どもの動きに言葉を添えましょう。「あむあむ、おいしいね」と食べるところまで楽しみます。

ビニールプール
あそび

暑い日には水に触れて心地よさを味わいましょう。
中にカラフルな、水に強い素材の物を入れたビニール袋の風船を浮かべると、
握ったり投げたりして楽しくあそべます。

0歳児

1歳児

2歳児

3歳児

4歳児

5歳児

準備するもの

輪ゴムで縛る　スズランテープ®を
入れる

ビニールプール

傘袋やビニール袋

※「スズランテープ」は、タキロンシーアイ
　株式会社の、PEテープの商標登録です。

共感性

友だちが入ってくると、水が動きます。ひとりではないことを感じ取っています。「あー」「きゃー」友だちが声を出すと、自分まで躍動します。同じ楽しさを味わっているのです。

気づき

水面をバシャンとたたくと、水しぶきが飛び跳ねます。水が形を変え、しずくになって舞うのです。顔にかかったり、まわりに飛び散ったり。おもしろいので何度もやります。

ポイント

水は子どものひざ位までの高さにします。立っている際に、ビニール袋を渡すと危険なので、座った状態で手に取れるようにします。

身体感覚

冷たい水に触れ、ひんやりした感触を感じます。また、シャカシャカしたビニール袋の感触、水の中に入れると浮き上がろうとする空気の浮力を体で感じます。

かたち合わせ

段ボール箱に穴を開け、そこにしか入れられないパーツを用意します。
「どの穴なら入るかな」と穴を探します。

目と手の協応

形を認識して、穴という目標に合わせて、パーツを入れようと試みます。視覚から入る情報と、手の動きが調和をとろうとします。

充実感

「ポトン」とうまくパーツが穴に落ちると、スッキリした気分を味わいます。保育者にほめられると、さらに「うまくいった、うれしい」という気持ちになるでしょう。

探究心

どこになら入るか、子どもはパーツを手に穴へ入れようと試行錯誤します。手をひねりながら入る角度を探ります。

作り方

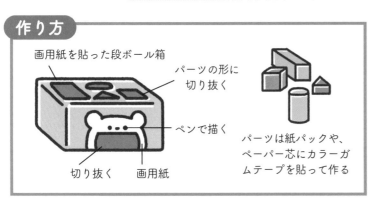

画用紙を貼った段ボール箱
パーツの形に切り抜く
ペンで描く
切り抜く　画用紙

パーツは紙パックや、ペーパー芯にカラーガムテープを貼って作る

ポイント

製作する際、そのパーツひとつしか入らない穴を作る必要があります。また、「ピッタリ」「キッチリ」ではなく、少しゆとりをもって入れられるよう調整しましょう。

小麦粉ねんど

**口に入れても安心な素材なので、時間をかけてじっくり取り組むことができます。
食紅を入れると、色が鮮やかになり、子どもの興味を引くでしょう。**

（※小麦によるアレルギーがある場合、小麦粉ねんどは皮膚に触れることによってアレルギー症状を起こす場合もあります。）

準備するもの

・小麦粉 　・塩（少々）
・水 　　　・食紅（少々）
・油（少量）

ボウルなどで塩、油、水の順
に小麦粉と混ぜ、食紅で色を
付ける。

※小麦粉と水は3：1の割合で
用意する

手指の操作

やわらくてもちもちした感触を楽しみ
ながら、手指を動かします。ギュッとつ
ぶすと形が変わるのも、指の間からニュ
ーっと出てくるのもおもしろいでしょう。

びよーん

想像力

丸めた小麦粉ねんどを団子
に見立ててお皿に乗せたり、
細長く伸ばしたものを「ヘ
ビ」だと感じたりします。

自己肯定感

ちぎると小さくなり、小さいものをくっ
つけて、もみもみすると、大きなかたま
りになります。自分の思い通りに操作で
きることは、自分の存在を確かにします。

ポイント

「ムニー」「ぺったんこ」「ころころ」など、豊かにオ
ノマトペを使いながら、楽しい雰囲気をつくります。
お皿や入れ物も準備するとよいでしょう。

布絵本

やわらかな布やボタンの感触を味わいながら、絵を楽しみます。
マジックテープ®をつけて、主人公が移動できるようにするのも
おもしろいですね。既製品でも構いません。

身体感覚

手ざわりを楽しみ、視覚でカラフルな絵を見て形を捉えます。マジックテープ®がついたパーツを操作することで、手指の動きが巧みになります。

意欲

めくると次のページに変わり、異なる絵が見られることで「次も見たい」という意欲が生まれます。めくるという自分の動作により、目の前の状況が変わることに喜びがあります。

共感性

保育者に見守られ、絵についての言葉をかけられながら、ともにいる時間を楽しみます。指を差したり、声を出したりすると、応答してもらえることで、心通う体験をします。

作り方

マジックテープ®
（オス）

（裏）
（表）

マジックテープ®
（メス）

マジックテープ®
オス…手ざわりが硬い面
メス…手ざわりがやわらかい面

①フェルトや布でアイテムを作り、土台の生地に縫い付ける。マジックテープ®を使用する際は、生地にメスをつける。

②各ページを縫い合わせる

ポイント

絵本を子どもに与えるだけでは、絵本のよさは伝わりません。子どもが初めて絵本に出合う際は、保育者が大切に見せ、ともに喜び合うことで、次にはひとりでも楽しめるようになります。

（※「マジックテープ」は株式会社クラレの、面ファスナーの商標登録です。）

あそびの
なかで育つ
非認知能力

7

植物あそび

落ち葉や花、実など、身近な植物とふれあえる環境をつくります。
公園で植物を見たり、雑草を自分で抜いたりするのも、楽しい体験です。

準備するもの

- プラスチック容器
- 植物（草、枝、花など）

感性

ツルツルした葉、チクチクの葉など、手ざわりを感じたり、花や実の香りを知ったりします。五感が刺激されることで、行動をおこしたくなるきっかけになります。

手指の操作

丸めたりちぎったり、プラスチック容器に入れたり出したり試行錯誤しながらあそびます。頭に乗せたり、たくさん集めてシャワーのようにまいたりしても楽しいでしょう。

大きなはっぱを
ありがとう

はい

社交性

きれいなものを見つけると「はい」と人に渡したくなることがあります。にっこり受け取ってもらうとうれしい気持ちになります。やりとりする関わりを促します。

ポイント

「大きなはっぱね」「これは小さなはっぱね」「きれいな白い花」など、保育者は意図的に対象物についての言葉を聞かせましょう。「ヒラヒラ」「クルクル」などのオノマトペも楽しいですね。

「ジブンデ！」

できることが少しずつ増え、自信につながります。
してもらうよりも、自分でやってみようとします。
その気持ちを十分に認め、取り組む時間を保障します。

自己肯定感

きっと自分ならできる、と自分を信じる
気持ちです。たとえ今できなくても、や
り続けていれば近い将来できる、という
明るい心持ちでいます。

ポイント

自分でやりたい思いが強くても、バランス
感覚や協調運動が伴わない場合もあります。
先回りして援助せず、子どものペースに任
せて少しだけ手を貸し「自分でやろうとし
ているね」とほめて見守りましょう。

目と手の協応

ボタンを穴に入れる活動で、「型はめ」のような
協応動作を行なっています。

達成感

やってみたらできた、という
うれしさは格別です。挑戦し
てよかったと感じ、さらに自
信をもつことにつながります。
やり遂げた喜びを十分に味わ
っています。

挑戦意欲

引っぱってみたら靴下が脱げたことなど
がきっかけとなり、身の回りのことを自
分でやってみたいという挑戦意欲が生ま
れます。できたことよりも、取り組もう
としている姿を認めたいものです。

\\ 非認知能力の育ちを //
読み取ろう!

コートのボタンは「ジブンデ!」したいBくん

外あそびに出かける際、保育者がBくんのコート
のボタンをはめようとすると、Bくんが「ジブン
デ!」と言う。難しいかなと思いつつも、Bくん
の意思を尊重し、Bくんに任せて、しばらく見守
った。ボタン穴もボタンも大きいつくりのコート
だったこともあり、もう少しでできそうだったの
で、ボタンをボタン穴に引っかけるところだけ手
伝った。するとBくん自身でボタンをはめること
ができ、満足気な表情だった。

読み取れる非認知能力の育ち

「挑戦意欲」「自己肯定感」

ボタンを「ジブンデ!」と言うBくんから、少し
難しく思えることでもやってみたいと思う、挑戦
意欲が育っていることを感じた。また、「自分な
らできる!」という、自分自身に対する信頼、つ
まりは自己肯定感の育ちもあるので「やってみた
い」という気持ちが生じたのだと思われる。

今後の援助の方向性

ボタンはめをあそびのなかでもできるように、手
作り玩具を用意し、Bくんの挑戦意欲を、達成感
へとつなげたい。また、今後もさまざまな場面で
「自分でやってみたい」と主張すると考えられる
ので、Bくんの意思を尊重した、ゆとりをもった
対応を保育者間で共有し、実践したい。

人見知り・後追い

人の顔を認識し、愛着関係のできた人を求めます。
一方、見知らぬ人に対してはよそよそしく、
怖がって泣いたり、恥ずかしがって隠れたりします。

身を守る力

知っている人と知らない人を見分ける力が
備わり、知らない人が近づくと嫌がったり
不安になったりします。これは、自分の身
を守ろうとする防衛本能でもあります。

信頼感

保育者がにこやかに、応答
的に関わることで、安心で
きる人、ともにいて心地よ
い人となります。愛されて
いることを十分に感じ、活
動のエネルギー源となりま
す。

〇〇先生
だよー

はじめまして

観察力

さまざまな人と出会い、見知らぬ人を
見分けられる観察力がついています。
安心できる人の陰に隠れて、じーっと
知らない人を観察する場合もあります。

ポイント

知らない人でも、「〇〇先生だよ、こんに
ちは」と保育者が親しげに関わると、安心
できる人かもしれないと感じます。少しず
つ距離を縮めながら、「大丈夫」と声をか
け、あたたかな表情で対応しましょう。

指を差す

言葉で要求を表せない子どもにとって、
指差しは要求を伝える大切な手段です。
指差した物に興味をもっているということです。

認識力

対象物を指差し、保育者が「ねこさんだね」
と声をかけると、対象物と「ねこさん」とい
う言葉がだんだん結びつきます。何度も言わ
れるうちに、言葉と意味がつながります。

観察力

対象の物をよく見つめ、ほ
しい、気になるなどの気持
ちから指を差します。気に
留まるわけですから、じー
っと観察した結果でしょう。

ねこさんだね

あー!

集中力

指を差すと、気持ちが対象物に集中しま
す。まわりの物は目に入らず、心のなか
は対象物のことでいっぱいになります。
そこから集中力が育っていきます。

ポイント

保育者が指差しに気づき、同じ物を見て共感的
に受けとめることが望まれます。そこに言葉を
添えて、子どもが物と言葉と意味をつなげて認
識できるよう導きましょう。

いつも砂あそび

砂の感触は心地よく、心を癒してくれもします。
「砂は汚いから嫌」というより、砂あそびが大好きなのはよいことです。
そこでなにを楽しんでいるのかを見極めてください。

砂あそびばかり
しているなぁ…

なにをプラスすると
楽しいかな？

身体感覚

さらさらの砂を感じ、手を埋めたり、穴を掘ったりして砂との関わりを楽しみます。砂場にずっといたくなるほど、居心地がよく安心できるということです。

集中力

じっくりとあそびに取り組むことから、集中力が養われます。次々と目に入るものに目移りすることなく、落ち着いてどっしりと構えています。

手指の操作

握ったり砂を積み上げたり崩したり、自分の思い通りに砂は形を変えてくれます。指の間から少しずつこぼれていくのもおもしろいでしょう。手指の機能がアップします。

ポイント

まず、やりたいことを存分にできるようにします。そして、時期を見てシャベルやバケツ、カップなどを使えるように出しましょう。暑くなったら水も加え、気づきや学びが生まれる環境を整えます。

絵本めくりが楽しい

保育者に本を読んでもらうのをじっと聞くより、自分でめくって
楽しみたい子どももいます。好きなようにめくることを保障しましょう。

主体性

自分の見たいページを自分でめくります。自分が働きかけることで違う絵がパッと現れることに喜びを感じます。自ら積極的に動くことで、世界が変わる体験をしています。

好奇心

絵本には興味の湧くものがカラフルに描かれているので、子どもはワクワクします。次のページはどうなっているのかな？ という好奇心から、どんどんめくります。

ポイント

絵本は前のページから順番に、と思わなくてよいのです。子どもが見たいページから自分の手でめくる、それがその子の楽しみ方なので尊重しましょう。同じ本を何度も見るチャンスはありますから、ストーリーを伝えるのはそのときでよいと心得ましょう。

大人でも
非認知能力は伸びる

半歩でも前に

本来なら乳幼児期にあそびのなかで十分に育み、伸ばしておきたい非認知能力ですが、大人では手遅れ、というものでもありません。非認知能力は乳幼児期に十分育てたので、その後は育てなくていい、というわけでもありません。

　私たちの人生は、順調な時期もあれば苦難続きの時期もあります。いいことばかりの人生も、ずっと暗黒の人生もありません。困難にぶつかった際、粘り強さの足りない人はあっさりとあきらめるかもしれません。あきらめた先には、あきらめた後の人生が待っています。「あそこであきらめなかったら、もっと違う人生になっただろうな」と、後悔の念が湧くこともあるでしょう。また、自分よりも困難な状況にある人が、あきらめずに耐え忍んだり、新しいアイデアで状況を打破したりする姿を見ると、「立派だなあ、えらいなあ」と心を動かされるでしょう。そんなとき「よし、自分ももう少しがんばってみよう」という気持ちが芽生えるかもしれません。ここがチャンスです。自分の人生をどう生きるか、これは自分次第です。失敗したらそこから学び、次に生かせばよいのです。

　大人ですから、自分の非認知能力を人に育ててもらうわけにはいきません。今の自分からスタートし、1歩でも半歩でも前に進もう、と思えるようになれば、ありのままの自分を受け入れていることになります。苦しいときは人に相談してもよいのです。クリニックの扉をたたいてもいいのです。本を読むことで、心の重しがはずれる人もたくさんいます。

　一度きりの人生を悔いなく生きるためには、気づいたときに人生を仕切り直し、今どう行動すればよいのかを一つひとつ考えて、自分で決めて歩き出せばよいのです。それが自分の非認知能力を伸ばすことにつながります。

Ⅳ章

··

2歳児

2歳児

基本的な運動機能や指先の動きが育ってくるため、
自分でできることが増えます。
それに伴い自我の育ちとして「ジブンデ！」と
自己主張をする姿が、増えてきます。

やだー
まだ あそぶー

＼伸ばしたい／ 非認知能力

挑戦意欲

筋力の発達から、自分の動きを調整することもできるので、ますますいろいろなことをやってみたい！という挑戦意欲が増します。少し難しいことを経験するなかで、粘り強さや達成感、充実感も生まれます。

おすすめのあそびや活動

● **平地を走ったり、斜面を登ったり、転がったり**する全身を使ったあそび
● **ボールを投げたり、転がしたり、追いかけたり**するあそび
（例）P.72「坂道トントン」/P.73「ボール転がし」

粘り強さ

自分でなんでもしたい、でも現実はできない、という葛藤を経験するときです。そんななかで、まわりの大人の励ましや、ゆとりのある対応で、気持ちに折り合いをつけ、できるところまでやってみようとする力が育まれます。

おすすめのあそびや活動

● **シール貼りやスタンプあそび、粘土**などの指先を使ったあそび
● **積み木や重ねカップ**を積み上げるあそび
（例）P.73「ボール転がし」/P.77「型はめパズル」

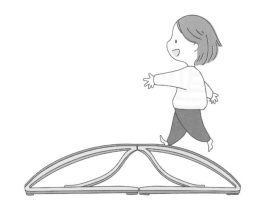

達成感

「自分でやりたい！」という主張から、葛藤したり、粘り強く取り組んだりした結果、「自分でできた！」という経験で、大きな達成感が生まれます。

おすすめのあそびや活動

- **型はめや簡単なパズル**などのあそび
- ねらいを定めて**ボールを操作する**あそび

（例）P.72「坂道トントン」/P.73「ボール転がし」/P.77「型はめパズル」

観察力

友だちの姿に関心が向けられる時期で、よく観察し、同じあそびを並行して行います。また、観察したものの真似をして、なりきってあそびます。

おすすめのあそびや活動

- 動きを見て、**体を動かすまねっこ**あそび
- **散歩や絵本**を通して、さまざまな物を見る

（例）P.70「グー・チョキ・パー」/P.75「鳥ごっこ」

充実感

意欲をもって取り組んだ物事に対して、楽しい体験や、満たされた気持ちを経験することで、充実感が生まれます。

おすすめのあそびや活動

- **積み木や重ねカップ**を積み上げたり、並べたりするあそび
- **砂場あそびやお絵描き**など、じっくりと取り組むあそび

（例）P.74「砂あそび」/P.76「シールあそび」

想像力

真似をしたり見立てたりするなかで、目の前にないものを再現するために、考えたり想像をしたりする力が伸びていきます。

おすすめのあそびや活動

- ままごとなどの**再現あそび**
- 積み木やブロックを重ねたり組み合わせたりする

（例）P.70「グー・チョキ・パー」/ P.75「鳥ごっこ」

共感性

同じことを一緒に行い「楽しいね」という気持ちやイメージを共有することで、共感性は育ちます。

感性

あそびの幅、行動範囲のひろがりに伴い、五感を通してさまざまな情報を感知し、心を動かす体験が増えます。

主体性

自分の意思を、言葉で表現することによって主体性が育まれます。自分で選び、じっくりと楽しめるよう、コーナーに区切ったあそびの環境を用意しましょう。

目と手の協応・手指の操作

あそびの幅もひろがり、さまざまな物に触れたり、操作したりする経験のなかで、手指の巧緻性も高まります。

＼＼2歳児の発達／／と保育者の関わり

信頼関係がある大人にだからこそ、「イヤ」「ヤダ」と自己主張をします。
子どもの思いを受けとめましょう。

自我・社会性・言語・認識

自分の気持ちを、言葉で表現できるようになります。
「ごっこ」や「まねっこ」も大好きな時期です。

要求や思いを伝える

二語文を話すようになり、自分の要求や思いを伝えられるようになります。また、まわりの人の話を聞き、自分の思いを言葉で返します。

保育者の関わり

子どもの言葉をよく聞き、要求や気持ちを理解することに努めます。やりとりの楽しさを共感できるあそびを用意します。

【非認知能力につながる!】

手あそびやわらべうたあそびなど、言葉を使ったあそびを通して「目と手の協応」「自己肯定感」「共感性」が育まれます。

イメージを膨らませて楽しむ

描いたり作ったりしたものを「〇〇みたい」と見立てたり、経験したことを振り返ったりするなど、イメージを膨らませて楽しみます。

保育者の関わり

描いたり作ったりしている経過で、一緒に楽しみながら、さらにイメージが膨らむような言葉をかけて関わります。

【非認知能力につながる!】

シール貼りやスタンプあそび、クレヨンなどを使った描画活動や、粘土などの指先を使ったあそびを通して「想像力」「充実感」「粘り強さ」が育まれます。

まねっこあそびを喜ぶ

見たことや経験したことを、あそびを通して表現します。他者の真似をして、友だちとの関係性がひろがります。

保育者の関わり

子どものイメージが豊かに膨らむような言葉をかけ、「見立て」や「つもり」のきっかけになる絵本や歌などの教材を提供します。

【非認知能力につながる!】

動物や乗り物になったつもりで体を動かす表現あそびを通して「共感性」「想像力」「観察力」が育まれます。

運動機能 走ったり、ゆっくり歩いたり、自分の体を調整できるようになります。
リズムに合わせて体を動かすことも楽しみます。

筋力が発達する

筋力が発達することで、段差から跳び降りたり、両足ジャンプしたりするようになります。台の上などに安定して立つことができます。

保育者の関わり

子どもが真似をしたくなるよう、保育者が率先して体を動かし、一緒に動くことを楽しみます。

【非認知能力につながる!】

平地を走ったり、斜面を登ったり、転がったりする全身を使ったあそびを通して「挑戦意欲」「達成感」が育まれます。

スピードを調整して走る

歩行が安定することで速く走れるようになります。スピードの緩急を自由に調整するなど、いろいろな走り方ができます。

保育者の関わり

子どもが楽しんで体を動かせるような空間で、地面に線を描いたり、カゴを置いたり、三角コーンやポールを立てたりするなど、思わず体を動かしたくなるような環境をつくります。

【非認知能力につながる!】

ボールを投げたり、転がしたり、追いかけたりするあそびを通して「挑戦意欲」「達成感」「粘り強さ」が育まれます。

手指の力を調整できる

手指の巧緻性（こうちせい）が高まり、手指の力を調整できるようになります。

保育者の関わり

さまざまな素材や容器などの道具を、どの子も十分に使える量を確保します。子どもが試行錯誤しながらあそべるように配慮します。

【非認知能力につながる!】

泥・砂・水といった可塑性のある素材を使って、容器に入れたり、ひっくり返したり、混ぜたりして、感触や形の変化を楽しみます。それらのあそびを通して「感性」「気づき」「挑戦意欲」が育まれます。

ひとりあそびを楽しむ

手指の細やかなコントロールが可能になり、一定時間、ひとりあそびができます。

保育者の関わり

安全に配慮しながら、子どもの手が届くところに遊具を用意します。自分で好きな遊具を選んであそべる環境にします。

【非認知能力につながる!】

ジャンボビーズの穴に紐を通す、色や形を合わせる型はめ、簡単なパズルなどの構成あそびを通して「手指の操作」「形や大きさの認識」「粘り強さ」「充実感」「達成感」が育まれます。

グー・チョキ・パー

「グーチョキパーでなにつくろう♪」と楽しく歌いながら、
まねっこをします。保育者が表情豊かに楽しむことから始まります。

想像力

クマさん、ウサギさん、おばけ、などの言葉と、保育者のジェスチャーから、表すものを、なんとなく感じ、イメージします。

観察力
手指の操作

保育者の動きをよく見ながら、自分の手を動かして、グー・チョキ・パーを作ります。リズミカルに素早く手の形を変えることも楽しみます。

\\ おばけー =

共感性

保育者の歌と動きに同調して、シンクロします。友だちも同じようにやっていることを感じています。みんなで一緒のことをする楽しさを味わいます。

グー

クマさん　　たぬきさん　　ボクシング

チョキ

カニさん　　ウサギさん　　ねこのひげ

パー

おばけ　　くらげ　　おすもうさん

友だちと一緒に ウサギになるCくん

保育者の動きをよく見て、同じ動きをしたり、「もう一回、ウサギさんやって」と言ったりして、積極的にあそびに参加する。また、保育者だけでなく、「Dちゃんもウサギさんね」と友だちも見て、一緒になりきっていることを楽しむ。一通りさまざまな動きをして、再び同じ動きをした際には、自分から「クマさんみたい」「これウサギさん」と動物の名前を言って、うれしそうに笑った。

読み取れる非認知能力の育ち

「観察力」「共感性」「想像力」

保育者の動き、また友だちの動きを見て、同じ動きをする様子から、観察する力や、同じことを楽しむ共感性が育っていることがわかる。また、真似をした動きから「○○みたい」「これ○○」「Dちゃんも○○」と動物をイメージしながら楽しんでいることが伝わり、想像力の育ちも感じた。

今後の援助の方向性

動物はイメージできたが、「おすもうさん」や「ボクシング」はイメージしにくいようだった。さまざまな動きのスポーツを知ることができるよう、絵本やイラスト、ときには動画も活用したい。子どもたちに伝えてから、再び楽しみたいと思う。

ポイント

ボクシング、おすもうさん、と、保育者がやってみせても、知らない子どもはイメージすることができません。イラストや写真などで、どんなスポーツでなにをしているところなのかが理解できるようにします。

坂道トントン

安定して歩けるようになったら、ゆるい坂道を用意しましょう。
自分の足でしっかり歩けることに自信がもてます。

準備するもの

ふみきり板やマット
を組み合わせて、コー
スを作っておく。

達成感

転ばずに坂道のコースを歩けたこと、
保育者に認められたことに大きな達
成感を感じます。もう一回やりたい、
という意欲にもつながります。

== ゴール!! ==

挑戦意欲

自ら坂道に挑戦しようと意欲をもっ
て挑みます。体のバランスをとるの
も心地よい経験になります。

ポイント

スタートとゴールにフープを置き「スタート！」「ゴール！」と声をか
けると、始めと終わりがはっきりして、さらに意欲がもてるでしょう。

ボール転がし

ゴールの箱をねらってボールを転がします。
反対側からボールが出てくると成功したことがわかります。

ねらいを定める力

どこへでも好きなように転がすのではなく、転がる先を予測して自分の体の動きを調整しています。

粘り強さ
達成感

ゴールまで到達しなかったり、ゴールにぶつかるだけで、通り抜けられなかったり、何度もトライしながら成功したときの喜びを感じ取ります。

それー

挑戦意欲

好きなように転がすのではなく、ねらいを定めます。少し難しいことですが、楽しみながら挑戦します。

作り方

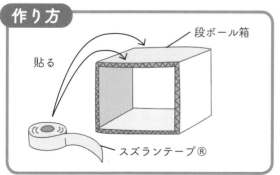

貼る

段ボール箱

スズランテープ®

ポイント

初めは、ゴールを近くにして、ボールが通り抜けるおもしろさを経験した後、転がす地点をゴールから少しずつ離していきましょう。「ころころ」と声をかけると、まわりの子どもも注目して、より楽しくなるでしょう。

※「スズランテープ」は、タキロンシーアイ株式会社の、PEテープの商標登録です。

砂あそび

砂とじっくり関われる子どもの大好きなあそびです。
一人ひとりが経験していることはそれぞれ違うので、
やりたいことが存分にできるように見守りましょう。

準備するもの

- コップ
- プリンカップ　　など、いろい
- 納豆の容器　　　ろな形の容器

気づき

湿り気のある砂をカップに入れて固めて型抜きをすると、きれいな形になるのに、乾いたさらさらの砂では、形が崩れてしまうことに気づきます。

かして〜

感性

砂のさらさらの手ざわりを楽しみます。水にぬらすと黒っぽくなり、ジャリジャリすることも感じます。

充実感

たくさん型抜きをしたい、いろいろな型で型抜きをしたいなど、おもしろいと感じたものを十分楽しむことで充実感が生まれます。

社交性

シャベルやカップなど「かして」と言ってかりるなど、友だちに働きかけたり、顔を見合わせてにっこりしたりする関わりが生まれます。

ポイント

時間を十分に保障し、じっくりと砂と対話できるようにします。友だちがしていることも見えるように、体の向きにも気を配りましょう。

鳥ごっこ

スズランテープ®で作った翼をつけて、鳥に変身！
空を飛ぶ気分を味わいながら、自由に振る舞います。

想像力

鳥になったつもりで想像し、翼をパタ
パタはばたかせたり「ピピピ」とさえ
ずったりします。真似をしながらも、
子どもの心は鳥になっています。

観察力

鳥になっていると、本物の鳥
にも目が向きます。両足を揃
えてピョンピョン跳ぶ姿を見
ると、真似をします。

ピピピピ

作り方

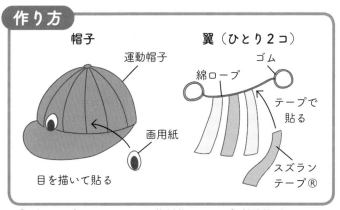

帽子

運動帽子

画用紙

目を描いて貼る

翼（ひとり2コ）

ゴム

綿ロープ

テープで
貼る

スズラン
テープ®

ポイント

ハト、スズメ、カラスなど、子どもたちの
見たことのある鳥やカナリア、白鳥、オウ
ムなど特徴のある鳥を写真などで見せて、
イメージが膨らむようにしましょう。

※「スズランテープ」は、タキロンシーアイ株式会社の、PEテープの商標登録です。

シールあそび

ペンで描いたラインに沿ってシールを貼ります。
丸や四角は線の上でも、囲みの中でもOK！
「ペタッ」と言いながら、ゆっくり楽しく貼りましょう。

準備するもの

・画用紙
・丸シール

ペンで線を描く

手指の操作

小さいシールを台紙から1枚ずつはがし、ラインに沿って貼るには、手先の器用さが求められます。やっているうちに上達します。

集中力 充実感

1枚1枚シールを「はがす→貼る」動きを集中して続けます。シールで満たされた画用紙を見て、充実感をもつでしょう。

想像力

曲線を見て「ニョロニョロヘビさん」と思う子もいれば「海の波だ！」「お山だ！」と感じる子どももいるでしょう。想像力は喜びを生み出す力です。

ポイント

線が見えないように隙間なく貼る子もいれば、間隔をあける子もいます。その子なりの貼り方を認め、貼ること自体を楽しめるようにします。「1、2、3」とシールを数えるのもいいですね。

型はめパズル

段ボール板で作ったパズルに合うピースをはめます。
そして、ぴったりはまる心地よさを味わいます。

形や大きさの認識

大きい丸、小さい丸、長細い形。あるものを把握しながら、どこにぴったりはまるかを考えます。当ててみると形が違うなあ、とじかに比べる操作も大切です。

〃できた〃

粘り強さ 充実感

すべてのピースをはめるためには粘り強く取り組む力が必要です。それが終わると、できあがった達成感を感じます。それは自信にもつながります。

手指の操作

正しいピースを選んでも、ぴったりとはめるには微細な調節が必要です。片側に押しつけるようにしてはめるなど、経験を積むとコツがわかってきます。

作り方

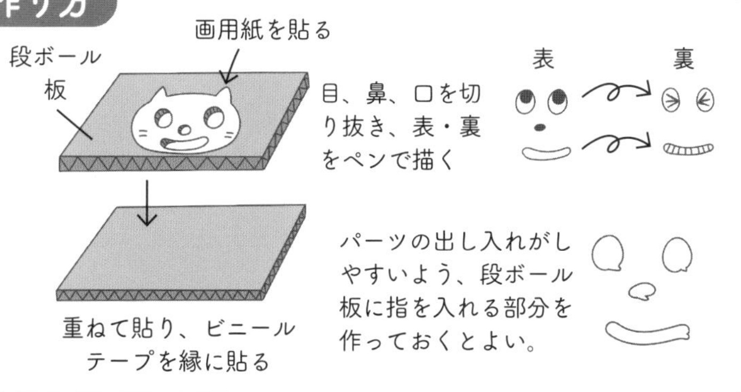

画用紙を貼る
段ボール板
目、鼻、口を切り抜き、表・裏をペンで描く
表
裏
重ねて貼り、ビニールテープを縁に貼る
パーツの出し入れがしやすいよう、段ボール板に指を入れる部分を作っておくとよい。

ポイント

「ねこちゃんの目はどれかな？」誘う際には探したくなるように声をかけましょう。「裏には違う目もあるよ、どっちがいいかな？」と子どもが選べるようにします。

自分の物・場所がわかる

自分の持ち物やロッカーの場所などがわかるようになります。そして、他の子が間違って自分の物を使ったり席に座ったりすると、怒り出したり泣いたりします。

ごはんだー

私のー

僕のカバンはあそこ

主体性

自分の物を自分で管理できます。必要なときには、自分で取りに行けます。

自尊心

自分の存在が危うくなることは許せません。自分の人格を尊重してほしいと訴えます。自分を大切にする気持ちです。

だめー
はなちゃんの座るところ

気づき

この席に座りたいのは、自分だけではないことに気づきます。自分と同じように相手にも思いがあることを知ります。

ポイント

ふたりの仲が険悪にならないように、間に入ります。「〇〇ちゃんはここに座りたかったんだね」と、それぞれの思いを受けとめます。子ども同士も相手の気持ちに気づけるように援助してから、解決へと導きましょう。

自分の場所を主張するCちゃん

昼食時、Cちゃんがいつも座る席に、一時保育でクラスに入ったDちゃんが座ろうとした。それを見てCちゃんは慌てて、大きな声で「Cちゃんの座るところ！」と言った。その様子と声に驚いたDちゃんは泣き出しそうになった。保育者が「Cちゃんは自分の場所がとられると思ったんだね」「DちゃんはCちゃんの席だって知らなかったんだよね」と、気持ちを代弁すると、ふたりともホッとして落ち着いた。その後、Cちゃんが「ここ、いいよ」と斜め向かいの席を示すと、Dちゃんはにっこりしてうなずいた。

2歳児

読み取れる非認知能力の育ち

「主体性」「自尊心」「気づき」

自分の意思を主張するCちゃんの姿に、主体性が育まれていることを感じた。また、自分の場所が他者にとられそう、と危機感をもつということは、自分の存在は大切にされるべき、という自尊心が育っているからだと考える。保育者がふたりにそれぞれの気持ちがあることを話すと、納得した様子から、自分とは違う他者の気持ちに気づく力も芽生え始めているのだと感じた。

今後の援助の方向性

「自分の物・場所」という認識をもち、自分が尊重される者として、生活をしていることがうかがえた。今後は友だちの物・場所に対しても、同じように大切に思えるよう「新しい友だちの席を用意してあげようね」と言葉をかけ、意識が向くよう働きかけ、共感性や思いやりにつなげたい。

要求が通らない

園の生活は、すべてが自分の思い通りになるとは限りません。
世の中には思い通りにならないこともあるのだと学びます。
このような場面は多くなりすぎないよう気をつけましょう。

やだー
まだ あそぶー

伝える力

「まだあそびたい！」と自分の思いを伝えています。あそびに対する強い思いとエネルギーが感じられます。

自制心

給食や降園など、時間の融通がきかないものが迫っている場合は、仕方のないこともあります。次の活動に期待がもてるように働きかけ、気持ちを切り替えるチャンスにします。

あそびを充実させる力

この場面では、それまでのあそびが楽しかったことがうかがえます。「片付けましょう」と言われてさっさと片付けるようでは、その子どもにとってそのあそびは魅力がなく、暇つぶしに過ぎなかったわけです。

ポイント

なぜ要求が通らないのかを、ゆっくり穏やかに話しましょう。この場面では、片付けの予告と次の活動への期待があれば回避できます。ネガティブな気持ちを引きずらないよう、楽しいことで気分を変えられるようにしましょう。

ひとりあそびが好き

この時期はひとりあそびを十分にさせたいものです。
友だちとあそぶことを急ぐ必要はありません。ひとりあそびが
充実すれば、自然に友だちを求めるようになります。

自立心

ひとりの世界を十分に楽しみ、人の手をかりず自分でやり遂げる気持ちが育まれます。自分のなかでの会話を豊かにすることで、しっかりとした自己が築かれます。

回復力

嫌なことがあっても、自分の好きなあそびをひとりですることで、心が癒される場合があります。そうして立ち直り、また前へ進もうとする気持ちが生まれます。

集中力

自分でやりたいようにじっくりと取り組み、物と対話しながら試行錯誤を繰り返します。あきらめずにやり続けることで、粘り強さを育むことにもつながります。

ポイント

子どもの表情をよく見て、ひとりあそびが充実しているかどうかを読み取ります。必要に応じて、同じあそびをしている友だちに目を向けさせるなど、ヒントになることを見せる場合もあるでしょう。

イメージを共有できない

2歳児ではまだイメージを共有できなくて当たり前です。「○○ちゃんは〜〜のつもり、□□くんは〜〜のつもりなんだね」と、保育者が認めればよいのです。

ちがうよ　お舟なの

これは
おうちだもん

気づき

友だちには友だちなりの思いやイメージがあることに気づきます。相手は自分とは違うのだ、自分は自分なのだと、他者と自分の区別ができます。

伝える力

自分の「つもり」を言葉で伝えています。自己主張ができるということです。「おうちにはなにがある？」とたずね、「お風呂、台所……」と会話を弾ませてもいいですね。

ポイント

「お舟もおうちもすてきだね」と保育者はにっこりと声をかけ、「お舟！」「おうち！」と交互に言い合うあそびを提案しましょう。楽しい気分になればOK！　共有させる必要はないのです。

できることを「ミテテ！」

2歳児はいろいろなことが急激にできるようになる時期。自分の体をコントロールする力がついてきます。「ミテテ！」にはできるだけ笑顔で応えたいものです。

くつ
はけたよ

できたね

自己肯定感

できたうれしさから、できるところを見てもらい、認められたいと思っています。ほめられるとさらにうれしくなり、自己肯定感が高まります。誇らしい気分を味わいます。

挑戦意欲

ひとつできるようになり認められると、さらに他のことにも挑戦してまたほめられたいと思います。つまり、さまざまなことに挑戦するきっかけとなり、次の「ミテテ！」につながります。

ポイント

「ミテテ！」は子どもの成長の証です。あちらこちらから声が飛びますが、一つひとつにていねいに応えて、「見てたよ、〜〜できたね」と笑顔で認めることが、次の成長につながります。

自然は
あそびの宝庫

野原、公園、畑など、進んで外に出て、自然と関わる活動を十分に用意したいものです。ウサギやにわとり、金魚や小鳥などを飼っている園も多いでしょう。また、野菜や草花を育てる活動も大切ですね。子どもが命の存在に気づくきっかけになります。

動物にエサをあげるとパクパクと食べる姿はかわいいものです。生態を知ったり、種類や特徴を調べたりすることにもつながります。5歳児になると当番活動を通して、好きなときにだけかわいがるのでは、ダメなのだと気づきます。毎日世話をしなければ死んでしまうのです。動物を飼うということは、動物の命に責任をもたなければならないのだと学びます。

自然のなかにいると、季節の変化を感じます。葉のしげり具合や色の変化、落ち葉でもあそびますね。春の風と秋の風の違い。雲の形も違います。それらをおもしろがりながら暮らしたいものです。失敗して苦しいときなども、そのような自然のなかに身をおくと、なぐさめられ、励まされ、また一歩踏み出す勇気をもらうことがあります。自然のなかで生かされている自分に気づくからかもしれません。

どんぐりや落ち葉、水や砂など、自然物と関わるあそびでは、試行錯誤を繰り返しながら、迷路やダムを作るなど、自分なりの工夫が見られるでしょう。友だちと一緒に取り組めば、そこで役割分担をしたり、成功を喜び合ったりしながら、共感性や協調性も育ちます。自分たちの生活のなかに自然を取り込むことで、より心豊かに過ごせることも学ぶでしょう。

急に虹が出たり、アラレが降ったりということもあります。保育中で別の活動をしていても、「突然の自然現象はギフト」だと受けとめ、機会を逃さず出会えるようにしたいものです。感動体験と、それをともに経験した友だちとの共感は、その後の子どもたちの生活を、より豊かにするはずです。

V章

· ·

3歳児

3歳児

「なんで？」「どうして？」の質問が増えるなど、
知的興味や関心が高まる時期です。
友だちの姿を意識し始めますが、同じあそびを
それぞれが楽しむ、並行あそびが多いでしょう。

伸ばしたい非認知能力

感性

経験と言葉がつながる時期。感性が言葉や絵画など、
形をもって表現されることもあります。さまざまな
ことに興味・関心がひろがる時期でもあるので、子
どもの心が動き、それをじっくり味わえるような、
ゆとりをもった環境を用意します。

おすすめのあそびや活動

● 自然物や小動物（昆虫）など、生き物に触
れる
● フィンガーペイントや、落ち葉や枝など自
然物を使った簡単な造形あそび
● 音楽に合わせて体を動かす、リズムあそび
（例）P.90「歌に合わせてリズムあそび」/
P.94「うつし絵」/ P.97「自然物でオブジ
ェ作り」

想像力

知的好奇心が増すなか「どうしてだろう」と疑問を
もつことも、「〜かもしれない」と想像力の育ちに
つながります。子どもと保育者、また、子ども同士
でも一緒に想像することを楽しめる場面をつくりま
しょう。

おすすめのあそびや活動

● 絵本の読み聞かせや紙芝居、ペープサートや
パネルシアター
● 役割のあるごっこあそびや再現あそび
（例）P.95「絵本であそぶ」/ P.96「お店屋
さんごっこ」

創造力

感じたことを言葉にしたり、動きにしたり、製作で表すなど、さまざまな表現方法を経験し、伸びていきます。その子独自の豊かで自由な表現をする時期なので、保育者はその芽に気づき大切に育てます。

おすすめのあそびや活動

● **折り紙、絵の具、紙粘土**など、さまざまな素材を使用した、簡単な造形あそび
● **ブロック、積み木**で作ったものを見立てる
（例）P.94「うつし絵」/P.97「自然物でオブジェ作り」

共感性

友だちとの関わりを楽しむようになります。共同で行う活動を通して、他人の心の動きに共感する力が育ちます。この力が、思いやりや協調性、社交性につながります。

おすすめのあそびや活動

● **人形やぬいぐるみ**を使ったお世話あそび
● **絵本の読み聞かせや紙芝居**、ペープサートやパネルシアター
（例）P.90「歌に合わせてリズムあそび」/P.95「絵本であそぶ」

挑戦意欲

知的好奇心が高まり、「試してみたい！」という気持ちにつながります。その反面、ネガティブなイメージとの葛藤も生まれます。

おすすめのあそびや活動

● **鉄棒、ジャングルジム、平均台**などを使った平衡感覚や全身運動が発揮できるあそび
● **筆やハサミ**などの道具や、**カスタネットやタンバリン**などの楽器を使った表現活動
（例）P.92「しっぽ取り」/P.93「ニャンコ探検」

自制心

自分のやりたいことが明確にイメージできるようになる反面、思う通りにならないもどかしさも生まれます。湧き起こるさまざまな感情に対して、ていねいに対応され、感情を整理することで身についていきます。

バランス感覚

基本的な運動能力が身につき、足元が不安定な場所でも均衡を保って進む、身体能力が育まれていきます。

協調性

「友だちと一緒」ということに喜びを感じるなかで、トラブルがあっても、折り合いをつけ、物事を進めようとする力が育まれます。

探究心

語彙数が増加し、会話でのやりとりがスムーズになり、知識欲も増します。質問が増え、相手の話を聞いたり試したりするなかで伸びていきます。

＼＼3歳児の発達／／と保育者の関わり

子どもの心が動いた瞬間を大切にし、じっくり味わい、
興味・関心をひろげる援助を心がけましょう。

自我・社会性・言語・認識

身近な物に興味をもち、違いに気がつきます。
質問も増えてきます。

子ども同士の関わりが増える

順番を意識したり、譲ったりすることができるようになり、子ども同士の関わり合いが増えます。

保育者の関わり

自我の育ちから、トラブルや強い自己主張をすることもありますが、叱ったり止めたりせず、まずは気持ちを受けとめてから、状況や理由を伝えます。

・・・・・・・・・・・・・・・・・・・・・・・・・・

【非認知能力につながる!】
追いかけっこやしっぽ取りなど、簡単なルールのあるあそびを通して「挑戦意欲」「自制心」「協調性」が育まれます。

見通しや予測がつくように

時間の感覚が育ち、見通しがもてるようになります。言葉を使って行動の予測をするようになり、物語の流れを楽しみます。

保育者の関わり

子どもの姿から、興味・関心を捉え、繰り返しのある物や、単純な流れや、ストーリー性のある絵本を準備します。

・・・・・・・・・・・・・・・・・・・・・・・・・・

【非認知能力につながる!】
絵本の読み聞かせや紙芝居、ペープサート、パネルシアターなど、児童文化財に触れるあそびを通して「想像力」「共感性」が育まれます。

再現あそびを楽しむ

場所や物の共有ができ、やりとりしながらあそぶようになります。知っていることや経験したことを、あそびのなかで表現することを楽しみます。

保育者の関わり

イメージする大人の真似をして、再現してあそべる道具や遊具を準備します。イメージがひろがる言葉をかけ、一緒に見立て・つもりあそびを楽しみます。

・・・・・・・・・・・・・・・・・・・・・・・・・・

【非認知能力につながる!】
ままごとなど、ごっこあそびや生活再現あそび（保育者の真似・お医者さんの真似など）を通して「共感性」「協調性」が育まれます。

身近な物に興味をもつ

身近な物に「なぜ」「どうして」と興味をもつなかで、物の特徴に気づくようになります。

保育者の関わり

屋内外で自然や動物に触れる機会をつくり、感性や思考力、表現力を培います。

・・・・・・・・・・・・・・・・・・・・・・・・・・

【非認知能力につながる!】
自然物や小動物（昆虫）などを採取し、生き物に触れるあそびを通して「感性」「探究心」「自制心」が育まれます。

基本的な運動機能が身につくため、生活習慣の自立も進みます。さまざまな動きが経験できる環境を用意しましょう。

ケンケンや ジグザグ走りをする

ケンケンやジグザグ走りのように「片足で跳びながら、前に進むことができる」という、2つの行動を同時に行うバランス感覚が身につきます。

保育者の関わり

あそびのなかに音楽を取り入れ、さまざまな動きを保育者がやって見せます。楽しみながら多様な動きを体験できるようにします。

【非認知能力につながる!】

音楽や音に合わせて体を動かし、全身を使ったリズムあそびなどを通して「バランス感覚」「共感性」が育まれます。

「折る」活動ができる

手指の巧緻性がさらに増し、紙を折るなどの動作ができるようになります。身の回りにある物について「長い・短い」などの区別の理解が進みます。

保育者の関わり

手指の発達には個人差があるので、一人ひとりの姿から適切な道具や素材を提供します。あそびのなかで製作のおもしろさを体験できるようにします。

【非認知能力につながる!】

絵の具の感触を感じられるフィンガーペイントや、可塑性のある紙粘土でのあそび、折り紙などを使った造形あそびを通して「創造力」「探究心」「感性」が育まれます。

複雑な動きが スムーズになる

手指、足腰の運動機能が高まり、複雑な動きが可能になります。腕を左右交互に伸ばしたり曲げたりするなどの動きがスムーズになります。

保育者の関わり

安全に気をつけながら、あそびのなかでさまざまな動きを獲得できるよう、前後や左右、上下などが意識できるあそびを提供します。

【非認知能力につながる!】

巧技台やマットなどに登ったり、跳び降りたりする運動遊具を使ったあそびを通して「バランス感覚」「挑戦意欲」が育まれます。

3 歳児

歌に合わせて
リズムあそび

みんなで歌いながら、体を動かしてリズムを感じます。
手拍子が揃う心地よさを感じ、音楽にのって楽しくあそびます。

共感性
協調性

友だちと一緒に手拍子をしたり、ジャンプをしたりすることで、仲間意識をもちます。揃う心地よさも感じているので「みんなと合わせよう」という気持ちも生まれます。

感性

音楽を聴いて美しいと感じたり、歌って楽しいと思ったりします。「あそびましょう」という終わりの部分で、のびのびと上昇する解放感を味わいます。

リズムあそびの例：「どんぐりころころ」（童謡）

♪ どんぐり　ころころ　どんぶりこ☆

おいけに　はまって　さあ　たいへん☆

どじょうが　でてきて　こんにちは☆

ぼっちゃん　いっしょに　あそびましょう

作詞：青木 存義
作曲：梁田 貞

●→手拍子　☆→両手を上げて振る　＊→足を揃え、前へ飛びながら手拍子

リズム感

規則正しいリズムに躍動感を感じます。遅くなったり速くなったりする違いにも気づきます。リズムに乗る感覚を体感します。

あそびましょ!

パチン!

3
歳児

ポイント

基本は保育者のすることのまねっこです。保育者が楽しく歌いながらやって見せることで、子どもの意識は高まります。「キラキラ」などは、それぞれの表現の工夫を認めるようにしましょう。

\\ 非認知能力の育ちを
読み取ろう! //

「友だちと一緒」を
楽しむEちゃん

歌を聞いて、保育者と一緒に口ずさんだり、手拍子を自分から積極的にしたりする。音楽に親しみをもち、体をゆすっている。リズムあそびでは、保育者だけでなく、友だちが気になるようで、同じ動きをすることに思わず笑いが出たり、友だちと顔を見合わせてうなずいたり、友だちの動きを見て真似をする。タイミングを合わせて一緒に手をたたく。タイミングがずれると恥ずかしそうな表情になりながらも楽しんでいる。

読み取れる非認知能力の育ち

「感性」「共感性」
「協調性」

音楽を聞いて自然に楽しくなって動きたくなる、という豊かな心、感性の育ちを感じる。また、友だちにも視線がいく様子から「友だちと一緒に」ということや、音を合わせる一体感を感じ、共感性が育まれているように思う。「合わせよう」という気持ちもあることから、仲間と一緒に物事を進めようとする協調性の芽もあると考えられる。

今後の援助の方向性

次回は、スキップをしたり走ったり、ジャンプをしながら前に進んだりと、リズムを感じながら、もっと全身を使える動きに取り組んでみたい。その際、保育者の動きだけでなく、友だちの動きにも注目できるよう、声をかけてみたいと思う。

しっぽ取り

追いかけてくる相手の動きを感じ、方向や速度を変えて、素早く逃げます。
右へ行ったり、急に左へ動いたりと、身のこなしも軽やかになります。

まてー！

にゃに
しよう

協調性

みんなで同じゲームをしているという意識があります。メンバーの一員という気持ちで、誰かがトラブルになると心配そうに寄ってきます。

挑戦意欲

「相手のしっぽを取るぞ！」という強い目的をもち、全力で走ります。時々は速度をゆるめて走りながらも「しっぽを取る」という意欲をもち続けています。

自制心

しっぽを取られても、感情的になりすぎず、自分の気持ちを静めたり、立て直したりする経験を積むことができます。

作り方

いろいろなしっぽで
バリエーション豊かに！

不織布

スズラン
テープ®

布（中綿）

マジック
で描く

※「スズランテープ」は、タキロンシーアイ株式会社の、PEテープの商標登録です。

ポイント

しっぽを取られたら終わりではなく、代わりのしっぽを用意し、何度でも走れるようにします。全体をよく見て、運動量の少ない子どもには、もっと走れる状況をつくります。

ニャンコ探検

ねこの帽子をかぶってねこに変身し、さまざまなでこぼこ道を探検します。
「ニャンニャンニャーゴ!」と元気に鳴きながら、
ちょっぴりスリルを味わいましょう。

準備するもの

帽子

運動
帽子

画用紙で作った目、
耳、鼻を貼る

コース

マット、技巧台、
平均台、ふみきり
板などを組み合わ
せて作る。

バランス感覚

平均台や高いマットの上を、バランスを崩さな
いように、慎重に進みます。何度もするうちに、
安定感が増します。

ニャンコに
へんしん!

ニャンニャン
ニャーゴ!

ゴール!

挑戦意欲

友だちの様子を見ながら、でこぼ
こ道をどんどん歩きたいという挑
戦意欲が培われます。

ポイント

帽子をかぶった際「ニャンコに変身!」とみんな
で叫び、ねこの鳴き声を楽しみましょう。はいは
いで進んでもOK! コースでは間隔をあけ、急
かされずに進めるよう配慮しましょう。

うつし絵

工作用紙など、ツルツルしている紙に濃いめの絵の具を
フィンガーペインティング。半紙や障子紙を置いて、
そっと上からこすると、すてきな作品ができあがります。

準備するもの

・カラー工作用紙2枚（絵の具を
　乗せる用、完成品を貼る額用）
・障子紙または半紙
・絵の具

感性

ネバネバした絵の具を指につけ、
その感触を十分に味わいます。ひ
んやりとした感覚もあるでしょう。

模様が逆だ!

想像力

抽象画を見て「○○みたい」と感じることがありま
す。虹みたい、海の底だ、怪獣があばれているみた
い、など、自由に想像をしている瞬間です。

探究心

紙を置いてこすると、紙についた模様は自
分がフィンガーペインティングしたものと
対称形になっていることに気づきます。「な
ぜ？」という疑問が、探究心につながります。

ポイント

具体的な物や形にこだわらず、のびのびと絵の具を塗りたくれるようにします。色を
全部混ぜてしまうと汚くなるので、単色の部分も残すようアドバイスしましょう。

絵本であそぶ

『おおきなかぶ』など、繰り返す言葉がある絵本を選び、
みんなで一緒に言ってみましょう。動作を加えても、楽しめますね。

（参考図書『おおきなかぶ』（ロシア民話））

せーの！

うんとこしょ！

どっこいしょ！！

3歳児

共感性

友だちと同じ場面を共有し、一緒にその状況を楽しむことができます。かぶが抜けた際は、ともに喜びを共有できます。

想像力

お話のなかに入り込み、自分も登場人物になったつもりで、セリフを言ったり動作をしたりします。

ポイント

ゆっくり間を取りながら、楽しく絵本を読み伝えましょう。「みんなで言ってみる？」と誘い、子どもが主体的に参加できるようにします。立ち上がる子がいたら、それも認めましょう。

お店屋さんごっこ

憧れのお店屋さんになって、お客さんにかける言葉や振る舞いをまねっこして
あそびます。エプロンや商品を作ったり並べたりすることも楽しみましょう。

準備するもの

画用紙や不織布など
を組み合わせて、い
ろいろなお店屋さん
のアイテムを作る。

貼る

不織布

コップ

おぼん

社交性

お店屋さんをひらくと、お客さんに来てほしくなります。なんと言って呼びこめばよいか考えながら「いらっしゃいませ」「○○を売っています」「どうぞ」と働きかけます。

私はコックさん

なにが
おすすめですか?

いらっしゃい
ませ!

○×水屋

主体性

自分のやりたいことを選び、お店屋さんになって振る舞うことで、楽しさを感じています。やる気も満ちあふれてきて、エネルギッシュに動けるでしょう。

ポイント

まず保育者がお客さんになって、お店に訪れ「なにを売っているんですか?」「おすすめは?」とお店屋さんの子どもに問いながら、周囲の子どもたちにも興味がもてるようにします。子ども同士が関われる状況をつくりましょう。

想像力

お店屋さんになるためには、どのような服装にすればよいか、どんなしぐさをするか、どんなことを言うかなど、さまざまなことを想像して再現しようとします。

自然物で
オブジェ作り

散歩で拾ってきた小枝や葉などを使って、季節を感じられる
オブジェを作ります。動物や怪獣などの形にしてもいいですね。

準備するもの

・カラー紙粘土
・自然物（小枝、落ち
　葉、小石、木の実）
　　　　　　　など

気づき

近くの友だちの作品を見て、自分も使っ
てみたい木の実を見つけたり、おもしろ
い並べ方を真似しようとしたりします。

創造力

鹿のツノみたいな枝だと思
って2本並べたり、赤い木
の実を目玉にしたり、材料
を見ながら自分の思い通り
に作品を作っていきます。

感性

小枝や葉の手ざわりや香り
を感じ、季節を感じます。
緑色や茶色の微妙な色の違
いなども味わいます。

3歳児

ポイント

できあがった作品を並べて、鑑賞できる場を準備しましょう。背景や土台にきれ
いな色の不織布をかけて、美術館のような雰囲気をつくるとすてきです。

生活の見通しをもつ

いちいち指示されて動くようでは、主体性は育ちません。
受け身な指示待ち人間になってしまいます。自分の生活を自分で
マネージメントできるよう、見通しをもてるようにしましょう。

主体性

自分の生活をすべて指示され
て動くのではなく、自分で考
えて自分の行動を決めなくて
はなりません。外あそびでは
なにをしようかなと自分で考
えて、決定し、実行します。

想像力

現在のことのみを考えるのではなく、少し未来のことも思い描けるようになります。未来に楽しいことがあると考えると、現在の気分も華やぎます。

外あそび

自尊心

自分のやりたいことを自分で決められるというのは、自分が大事にされているということです。自分にはそれだけの価値があるのだと思う根拠になります。

ポイント

見たらすぐわかるように、一日のスケジュールを絵カードで表示しておくとよいでしょう。見通しをもつことで楽しみになったり、次の活動のための準備をするなど、心づもりをして取り組むことができます。

日常と違うスケジュールを伝えたときのEくんとFちゃん

朝の集まりの際、「今日は誕生会の後に、外あそびです」と、生活の流れを伝えた。するとEくんは「誕生会でたくさん拍手をしてあげる」とはりきり、Fちゃんは「砂場でケーキを作る」と言った。その後、誕生会が終わると、Fちゃんは「外にあそびに行くんだよ」と率先してまわりの友だちに伝えた。そして保育者が言う前に、自分から帽子を出すなど、外あそびの準備をした。

読み取れる非認知能力の育ち

「想像力」「主体性」

朝の集まりでのお知らせから、EくんもFちゃんも、これから行われることを、自分なりに楽しもうとイメージする想像力が育っていることがわかる。また、誕生会後に、外あそびのために、自発的に帽子を用意する姿から、次の行動を見通して、自ら行おうとする主体性も感じられた。

今後の援助の方向性

子ども自身が見通しをもち、主体性をもって生活が楽しめるように、今後もていねいにわかりやすく予定を伝えたいと思う。言葉だけではまだイメージができない子どももいるので、絵カードやイラストなども活用したい。

3歳児

自己主張をし合う

自分の思いを言葉で伝えることは大切です。
黙っていては、気持ちは伝わりません。
そして、人の思いを聞くことで、ようやく相手の気持ちに気づけます。

気づき

相手の言葉を聞くことで、「相手もこれがほしいんだ」と相手の気持ちに気づけます。相手も自分と同じように、思いをもつ存在なのだということにも気づきます。

協調性

いつまでもにらみ合っていては解決できません。代わりになるような人形は他にないかと探す、一緒に使う、順番に使うなど、解決策を考えるきっかけになります。

伝える力

言葉が出なければ実力行使で、すさまじい物の取り合いが繰りひろげられるでしょう。「使いたい」「かして」と言葉で伝えることで、相手に思いが伝わります。

ポイント

自己主張することはおおいに認めましょう。その上で、「〇〇ちゃんは、これでどんなふうにあそびたいの？」とそれぞれに語らせ、ふたりで一緒にあそべるように導く方法もあります。解決を急がず、ふたりがお互いを知り、よい関わりになるよう支えましょう。

「なぜ」「どうして」が増える

身の回りの世界が見えるようになり、いろいろな物に
興味・関心をもつ時期です。「どうして〜なの？」と疑問をもつことは、
自分の世界をひろげようとする態度です。

好奇心

身の回りの物に興味をもち、よくながめ疑問を感じ、それをまわりの大人にぶつけます。こだわりから、知りたいという気持ちが膨らみ、ずっと興味を抱き続けることもあります。

探求心

不思議に思い、それを解明したいという気持ちがあふれています。理解したいから信頼できる身近な大人にたずねています。これは、次に自分で調べようとする行為につながります。

ポイント

脳が活発に働いていることがうかがえます。わかることは、ていねいにわかりやすく、子どもに伝えましょう。「なんでお月さまは空にいるの？」というような、大人にも難しい問いには「みんなのかわいい寝顔をこっそり見たいのかもね」と、メルヘンチックに応えてもよいでしょう。

3歳児

自分で食べる量を決める

食べきれない物を「食べろ」と言われるほど辛いことはありません。どれくらいなら食べられるか、自分の体に聞き、自分で決められるようにしましょう。

主体性

食欲のある日もあれば、ない日もあります。その日の活動量によって違いも出てくるでしょう。食べる量は人に決められるものではなく、自分で決めるものです。

判断力

体調や好きな食べ物かどうかなどを総合的に判断して、食べる量を自分で決めます。多くもらいすぎて失敗した経験も、判断材料になります。

ポイント

大盛り、中盛り、小盛りを基準として、子どもが自分で「小盛りより少し多く」など、加減して伝えられるようにします。迷う子どもには、少なめにしておき、後からおかわりできることを伝えましょう。

新しいあそびに挑戦する

経験のないあそび、やったことのない活動には不安が伴います。
「できるかな？」から始まりますが、やっているうちに上達します。

一番上まで登るぞ！

3歳児

達成感

何度もやっているうちに、願っていたことを達成できる日がやってきます。やり続けてよかった、自分はやればできるという喜びに包まれるでしょう。

挑戦意欲

少し怖いなぁと思いながらも、勇気を出してチャレンジしていると徐々に慣れていきます。そして、コツもつかめるようになります。あきらめないでトライし続けることを認めましょう。

ポイント

できたことよりも、挑戦し続け努力している姿をほめましょう。また、応援する際は「がんばれ！」の連呼ではなく、「今日は三段目に挑戦しているんだね」と事実を語るとよいでしょう。

\ 気をつけたい /
形式的なやりとりで
非認知能力は育たない

育 てたい非認知能力のひとつに、「思いやり」があります。「友だちのために譲る」や「友だちの謝罪を受け入れて許す」というのも、好ましい行為として、ほめられ、推奨されることのひとつでしょう。

けれども、注意してください。「友だちが『貸して』と言ったらなんと言ってあげるのがいい子かな？」との問いに「いいよ」と答えたら、「そうだよね。『いいよ』って貸してあげられる子がいい子だよね」と指導している園があります。本当はまだあそびたいから貸したくないのに、「いいよ」と言わなければならないと思い、しぶしぶ貸す子がいます。どうしても渡せず黙っていると「『いいよ』って言わなくちゃダメなんだよ」とまわりの子に責められます。このような状況で、たとえ「いいよ」と言ったとしても、ここでの思いやりが育っているとは、到底いえないでしょう。自分の思いを言葉で伝えることの方が、よっぽど大切です。「今使っているから後でね」「このおもちゃなら、むこうにまだあるよ」など、状況に応じて対処できる能力をつけたいものです。

また、同じような例として、「ごめんね」と言われたら「いいよ」と言わなければいけない。これも大間違いです。悪いことをしたと思ったら、心から謝ることができなくてはなりません。悔しくて悲しくて許せないことだってあります。「ぼくはこれをとても大切にしていたんだ」「壊されてとても悲しいし、悔しい」と思いを伝えなければなりません。

その状況でなにを大切にしなければならないかを判断し、対応するのが、保育者の務めです。「ここでは感情をコントロールする経験をさせたい」「この子には人の気持ちに気づかせたい」など、そのときに育みたいことを明確にしながら保育を進めましょう。

VI章

4歳児

4歳児

\そ〜っとッ/

心も体も、自分でコントロールする力がつく時期です。
また、友だちとの関わりが深まるとともに、
トラブルも増えます。そのような経験を通し、
決まりやルールを守ったり自分を抑えたりする大切さ、
相手の痛みを知って思いやりを学びます。

伸ばしたい非認知能力

協調性

ひとりあそび→並行あそび、の時期から「友だちと
一緒にあそぶこと」に楽しさを感じるようになる時
期に移行します。言葉の発達に伴い、コミュニケー
ションを深めたり、相手のことを考えたりするなか
で、折り合いをつけて物事を進める協調性が育まれ
ます。

おすすめのあそびや活動

- **リレーや、転がしドッジ**など、クラス全員で
  取り組めるあそび
- **なぞなぞあそび、しりとりあそび**など、言葉
  を使ったあそび
(例) P.112「じゃんけんガオー」/ P.113「ボ
ール転がしリレー」/ P.117「ジェスチャーし
りとり」

自制心

客観的な視点がもてるようになります。他者と自分
が思っていることの違いがわかることで「ぼくは〜
〜したいけど、◯◯ちゃんが〜〜したそうだから少
しがまんしよう」という自制心を学ぶ機会を得ます。

おすすめのあそびや活動

- **絵本の読み聞かせや紙芝居、ペープサート、
  じゃんけん**など、明確なルールのあるあそび
- **かくれんぼや鬼ごっこ**など、「追いかける
  役」と「逃げる役」など、役割のあるあそび
(例) P.112「じゃんけんガオー」/ P.113「ボ
ール転がしリレー」

粘り強さ

集団であそび、他者との関わりが増えるなかで「○○ちゃんみたいにしたい！」「もっと上手になりたい」とイメージを具体的にもつようになります。その目標に向かって、挑戦→失敗→回復→挑戦……と繰り返すうちに、粘り強さが育まれます。小さな進歩でも、その歩みを実感できます。

おすすめのあそびや活動

- **難しいパズル**など、時間をかけて完成する活動
- **けん玉やコマ回し**など、練習やコツを知る必要があるあそび
（例）P.110「ロケットGO！」

好奇心

理解できることが増え、友だちと好奇心を共有し、一緒に気づき、探究していく姿も増えます。この時期の子どもたちの知的好奇心の種がたくさんまかれるような、豊かな環境を用意します。

おすすめのあそびや活動

- **デカルコマニーやにじみ絵**など、素材の特性を知る
- **季節の行事**や、**自然事象に触れる**活動
（例）P.114「にじみTシャツ」/P.116「小動物の飼育・観察」

主体性

子どもが、自分で考え、自分で行動することを通して主体性が伸びていきます。たとえ失敗しても、人のせいにしません。自分で決めたことです。保育者は子どもが決めたことをさりげなく援助します。

おすすめのあそびや活動

- **ブランコや鉄棒、ボールあそび**など、体をコントロールして楽しむあそび
- 子どものイメージが再現できる**ごっこあそび**や、**製作あそび**
（例）P.113「ボール転がしリレー」/P.114「にじみTシャツ」

創造力

物事への関わり方が深まるにつれ、気づくことやイメージすること、考えることも増えていきます。さまざまな力が合わさって、創造力が発揮されます。

おすすめのあそびや活動

- **折り紙や廃材、自然物**など、**多様な素材**を使っての造形あそび
- **色の濃淡**や、**偶然できた模様**を楽しむ、絵の具あそび
（例）P.110「ロケットGO！」/P.115「花束のプレゼントカード」

＼＼４歳児の発達／／と保育者の関わり

他者との違いがわかるようになり、人からの評価も気になる時期です。
それぞれのよさを保育者が見つけて伝えましょう。

自我・社会性・言語・認識

**気の合うグループができ始め、
そのなかで思いのぶつかり合いも経験します。**

思いと行動の間で、葛藤がある

他者との比較ができるようになり「こうしなければ
ならない」という、場にふさわしい行動をとろうと
する反面、思いと行動の間で葛藤し、気持ちの切り
替えに時間がかかります。

保育者の関わり

言葉だけでルールの理解が難しい場合には、具
体的に物を見せたり、イラストなどを活用した
りします。視覚的な情報を利用し、子ども自身
が納得し、理解できるように援助します。

【非認知能力につながる!】
グルグルじゃんけんや、じゃんけんをして負け
たら新聞を折りたたんで小さくしていくなど、
ルールのあるあそびを通して「自制心」「挑戦
意欲」が育まれます。

来たよー
えい！

自分なりの工夫をする

見本や手順などから、作り方や完成をイメージでき
るようになり、コツをつかんだり、自分なりに工夫
をしたりします。

保育者の関わり

できあがった作品を、子どもの目に触れるとこ
ろに置き、子ども同士が見合ったり、伝え合っ
たりする機会をつくります。

【非認知能力につながる!】
多様な素材で自分のイメージを形にし、思い思
いの作品を作り出すあそびを通して「創造力」
「好奇心」「表現力」が育まれます。

競争心が芽生える

自分以外の人の感情を察したり、気づいたりするよ
うになる一方で、競争心が芽生え、トラブルやけん
かが増えます。

保育者の関わり

けんかやトラブルは、自己理解を深める過程の
姿と捉え、一方的な関わりや関係が固定しない
ようにします。子ども同士、お互いの思いを伝
い合える場面をつくり、さまざまな見方や考え
方があることを示します。

【非認知能力につながる!】
クラス全員で取り組めるリレーや、転がしドッ
ジなど、勝敗のあるあそびを通し「挑戦意欲」
「自制心」「協調性」が育まれます。

動植物に関心や愛情をもつ

植物への水やりや、動物への餌やりなどを通して、身近な動植物に親しみ、関心や愛情をもって接するようになります。

保育者の関わり

飼育や栽培、調理の手伝いなどをすることで、植物や動物へ興味をもちます。道具や手順などへの関心を深められるようにします。

・・・・・・・・・・・・・・・・・・・・・・・・・・・・・・・・

【非認知能力につながる!】

調理・クッキング、野菜の栽培や小動物の飼育を通して「創造力」「好奇心」「生命を感じる心」が育まれます。

大人との会話がスムーズになる

語彙数が急速に増え、大人との会話もスムーズになります。また、時間感覚が身につき、記憶をたどりながら表現します。

保育者の関わり

経験したことや、考えたり思ったりしたことを、気軽に話せる雰囲気をつくり、友だち同士で話す機会をつくります。

・・・・・・・・・・・・・・・・・・・・・・・・・・・・・・・・

【非認知能力につながる!】

なぞなぞあそび、しりとりあそびなど、言葉を使ったあそびを通して「表現力」「協調性」が育まれます。

運動機能

全身のバランスをとる力が育ち、動きが巧みになります。ブランコ、平均台も上手になっていきます。

2つの動作を同時に行う

全身のバランスをとる力が育ち、道具を操作しながら進むなど、2つの動作を同時に行えるようになります。

保育者の関わり

毎日、体を動かすあそびを取り入れます。動きに変化が生じるように床にラインを引いたり、段差をつけたりなど、体を動かしたくなるような工夫をします。

・・・・・・・・・・・・・・・・・・・・・・・・・・・・・・・・

【非認知能力につながる!】

リレーやチームで取り組む運動あそびなど、みんなで競ったり楽しんだりするあそびを通して「協調性」「自制心」「バランス感覚」が育まれます。

自分の体をコントロールできる

イメージした通りに自分の体を動かしたり、スピードを調整して走ったりするなど、複雑な動きができるようになります。

保育者の関わり

「できる」「できない」にこだわり始める時期なので、充実感を味わえることを大切にします。できない場合は保育者が付き添って、繰り返し取り組めるように援助しましょう。

・・・・・・・・・・・・・・・・・・・・・・・・・・・・・・・・

【非認知能力につながる!】

片足ケンケン・スキップ・ギャロップなど、ステップを使っていろいろなテンポの音楽でリズムあそびを楽しむことを通して、「表現力」「創造力」「協調性」が育まれる。

ロケットGO!

紙コップで作ったロケットを、ピラミッド型に積んだ
土台の紙コップに乗せるあそびです。まずは、自分のロケットを
作ることを楽しみ、それから注意深く土台を組み上げていきます。

創造力

一番上に乗せるロケットを、自分好み
で作ります。パーツの色を選んだり、
サインペンで模様を描いたり、自分ら
しさを出して工夫します。

集中力

土台のコップを積み上げるには、細心
の注意を払わなくてはなりません。少
しでもずれていると、上の段へ進んだ
途端に崩れてしまうからです。

\ そ〜っと…/

あっ！

粘り強さ

積み上げている際に、紙コップが崩れる
こともあるでしょう。でも、そこであき
らめてやめてしまうのではなく、結果を
自分で受けとめてもう一度トライしよう
と思うところで粘り強さが育ちます。

作り方

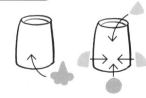

カラー紙コップに
画用紙のパーツを貼る

達成感

うまく積むことができたら、やり遂げた喜びを味わうことができます。美しいピラミッド型の成果をほれぼれとながめたり、友だちと認め合ったりすることで達成感が感じられます。

でき た ー！

積み上げられるまで何度も挑戦するGくん

Gくんはゆっくりと慎重に、時間をかけて紙コップを重ねた。その手つき、表情は真剣そのもので、まわりの友だちの声も耳に入らない。途中、3段目で積み上げた紙コップが崩れてしまった。「あー！」と悔しそうだったが、もう一度2段目からやり直した。積み上げた際は、保育者に顔を向けた。保育者が「やったね！」と言葉をかけると、うれしそうなはじけた笑顔でうなずいた。

読み取れる非認知能力の育ち

「集中力」「粘り強さ」

Gくんの、まわりの様子はまったく目に入っていない真剣な様子から、ひとつの物事にじっくりと取り組む、集中力が身についていることがわかる。また、「こうしたい！」という目標に向かって最後までやり遂げようとする、粘り強さを感じた。

今後の援助の方向性

今回は個人でロケットを作ったが、次回はみんなでロケットの基地作りができるように用意し、子ども同士のやりとりができるようにしたい。また、紙コップのサイズもさまざまあるので、大きな物から小さな物まで用意して、自由に選べるようにするのも、選択の幅がひろがってよいのではないかと考える。

4歳児

じゃんけんガオー

じゃんけんをして、勝ったらライオンのたてがみを増やしていくあそびです。
「じゃんけんガオー」と声を揃えて言うのも、楽しいところ。
たてがみの色や、増やし方にも個性が表れます。

準備するもの

ライオン
（ひとり1枚）

画用紙

ペンで描く

洗濯バサミや
クリップ

協調性

じゃんけんは相手とタイミングを合わせなければ成立しません。相手の動きを感じながら、ともにあそびを楽しむ友だちとして、親しみをもって関わります。

自制心

負けた悔しさを抱きつつも、喜んで洗濯バサミを選んでたてがみにする相手の姿を見て、待っていなければなりません。ここで、もちこたえる力や、相手を受け入れる力が育ちます。

回復力

じゃんけんにずっと勝ち続けることは難しいもの。負けたときに過度に悔しがらず、ショックを受けすぎず、負けを受けとめて消化する力が必要です。「次は勝てるかも」と明るい未来を期待し、気持ちを切り替えます。

ポイント

じゃんけんで既に勝ち負けを経験しているので「先に洗濯バサミを10個付けた方が勝ち」というような、さらに勝敗を競うあそびにしません。数に親しみながら、たてがみを増やしていく過程を楽しめるようにしましょう。

ボール転がしリレー

4〜6人でチームになり、股の下にボールをくぐらせます。
ボールを取った最後の人が先頭まで走り、同様にボールをくぐらせます。
ボールや次の人をよく見て通すようになるでしょう。

| えい！ | 来たよー |

注意力

ボールがどこへ転がるか、ボールが来たら足をどうすればよいか、ボールの動きを見ながら体を操作するので、注意力が育ちます。

協調性

チームのみんなで力を合わせてやろうとします。友だちに「来たよ」と声をかけたり「○○ちゃん、前だよ」と教えたり、関わりながらあそびを楽しみます。

自制心

自分の役割をもって、ボールをキャッチしたり、渡したり、先頭まで走ったりします。自分の気持ちと仲間の気持ちを合わせることで、あそびが成立する体験をします。

4歳児

ポイント

足にボールがぶつかって、意図しない方向へボールが転がるというハプニングがあるからこそ、あそびは楽しくなります。失敗した子を責めないような雰囲気をつくりましょう。

にじみTシャツ

Tシャツ型の障子紙に水性ペンで模様を描いてにじませます。
乾いたら、好きな柄のTシャツを画用紙で作った人形に着せて楽しみましょう。

主体性

自分が作る人形は、自分自身を投影することが多いものです。心を込めて顔を描き、好きな模様に染めた、自分だけのオリジナルTシャツを着せます。

好奇心

水をかけるとどのようにインクがにじんでいくのか、興味深く目で追うでしょう。次にどこへスプレーしようかと考えることへつながります。

作り方

水性ペン

サインペンで描く

スプレーしてにじませる

障子紙

画用紙

乾いてから貼る

ポイント

Tシャツに模様を描く前に、別の障子紙で十分ににじみ方を試せるようにしましょう。納得した上でTシャツに取りかかることを、自分で決めた方がよいからです。

花束の
プレゼントカード

気持ちを伝えるメッセージカードを花束型で作ります。
受け取る相手を思い浮かべながら、喜んでもらえるように心を込めます。

自己肯定感

私は人を喜ばせることができる存在であると感じています。渡したときの相手の喜ぶ顔を想像し、ワクワクします。それを可能にするのが自分なのです。

創造力

どの模様のテープをどのように貼ろうかな、メッセージをどの色で塗ろうかな、と作る過程を楽しみながら作ります。

共感性

おめでとう、ありがとうなどの気持ちを伝える相手に寄り添い、相手がうれしくなるように考えて作ります。

4
歳
児

作り方

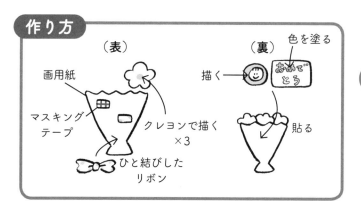

（表）
画用紙
マスキングテープ
クレヨンで描く×3
ひと結びしたリボン

（裏）
色を塗る
描く
あめでとう
貼る

ポイント

作り方は基本ですから、自分の好きなように工夫できる余地を残します。友だちと見せ合いながら、それぞれのカードのよさを感じられるようにしましょう。

小動物の飼育・観察

アリやダンゴムシなど、身近な虫の動きを観察しましょう。
巣を作ると動きがより活発になります。
一匹を目で追うと、自分も同化する感覚を味わえます。

好奇心

小さな生き物の体のつくり、足の動き、
ヒョコヒョコ動く様子に目を見張ります。
「なにをしているのかな」「どこへ行くの
かな」と興味をもって見つめます。

観察力

よく見ると、アリには脚が6本
あること、触角が頭にツノのよう
にはえていることなど、じっくり
と観察する力が身につきます。

生命を感じる心

虫たちは、小さいながら生きています。食べ物を運び、
食べます。卵から生まれ成長します。そのようなこと
にも徐々に気づくきっかけになります。

ポイント

手に乗せられるものは、嫌がらなければ、
直接ふれあえるようにします。自分の手
に乗った感覚を味わい、ともに生きる仲
間として感じることもできるでしょう。

ジェスチャーしりとり

まず、通常の言葉でのしりとりをたっぷり楽しみましょう。
その後、言葉を言わず、体で表現をして、当ててもらいます。
ジェスチャーの後、一つひとつ確かめてから、次のジェスチャーへ移ります。

4歳児

表現力

自分が選んだ言葉は、どのような動作をすれば伝わるかを考えてジェスチャーをします。ひとつの動きでわからなければ、別の表現の仕方を考えてやってみます。

協調性

友だちと目を合わせながら、発信していることを受け取ろうと努力します。当たったら喜び合える関係を築きます。

観察力

友だちのジェスチャーを見て、なにを表しているのかを考えて言います。間違ってもよいので、思いつくままに言ってみます。

ポイント

当てることのみが目的ではありません。友だちはなにを伝えようとしているのか、動きから探ろうとする意欲、間違ってもよいから思った単語を発することで、ジェスチャーする側との共同作業になります。当てた際の「そうそう！」という心のつながりを大切にします。

ルールを守らない

鬼ごっこで、わざと鬼になりたがる子どもがいます。
「ダメだよ、ルール違反だよ」ととがめれば解決するのでしょうか。
そう言えば、その子は反省して逃げ始めるでしょうか。

自己肯定感

鬼になりたい気持ちが受けとめられ、鬼になることができたらうれしいでしょう。鬼になって思いきり走った後は、人を受け入れられるようになります。

自制心

ルールを相手にきちんと伝えながらも、相手の思いを受けとめて鬼にさせてあげられたなら、人に対して寛容になれます。「次は〜〜してね」と交渉する力もつけたいところです。

協調性

大勢でひとつのあそびをする場合、それぞれの思いを感じ、受けとめなければ成立しません。自己主張しつつも折り合いをつけることを学んでいきます。

共感性

なにかトラブルが発生したことを感じて駆けつけ、声をかけます。知らないふりをするのではなく自分から関わり、力になれることはないかと心配します。

どうしたの

鬼になりたいHくんにルールを伝えるGちゃん

鬼ごっこで、鬼になりたいHくんは、逃げるのを途中でやめ、鬼のGちゃんに「タッチしていいよ」と言った。Gちゃんが困って立ち止まると、気がついたIくんもやって来て、「逃げるときは、力いっぱい逃げるんだよ」とHくんに伝えた。しかし「だって鬼になりたいんだもん。お願い」とHくんが言う。IくんとGちゃんは顔を見合わせ「仕方ないね」とつぶやき、GちゃんはHくんにタッチした。Hくんは大喜びで鬼になった。

読み取れる非認知能力の育ち

「共感性」「自制心」「協調性」

Gちゃんの姿から「ルールはこうだけど、Hくんの鬼になりたい気持ちもわかる。だから、今回は、鬼を交代してあげよう」という、葛藤しながらも、他者の気持ちに寄り添う、共感性と自制心の育ちを感じた。また、自分の「全力で走ってつかまえたい」という気持ちに折り合いをつけ、あそびを再開しようとする協調性もあることがわかる。

今後の援助の方向性

保育者が先導して、問題を解決しようとするのではなく、子ども同士で話し合い、相手の気持ちを理解することで、育まれる力が多くあるように思う。Hくんは今回願いを聞き入れてもらえたが、いつもわがままを通していいわけではないことを、心にもちつつ、友だちを思いやる気持ちや、ルールを守ろうとする気持ちが育つように、関わり続けたい。

ポイント

子どもはやりたいことができれば満足感を得ます。ルール通りにあそばせることではなく、「子どもが育つ」ことがあそびの目的です。友だちのクセを知り、付き合い方を学んでいきます。

4歳児

ひとりだけ終わらない

友だちがひとり、またひとりと製作を終えて片付けているのに、
自分だけが終わらないと不安な気持ちになります。
だからといって、いい加減に作り終えてよいわけではありません。

自己肯定感

こんなふうに作りたいという、揺る
ぎない自己を感じています。それは
自己肯定感につながります。

伝える力

「ぼくは、ここを〜したいんだ」と、自分の工夫や
やりたいことを保育者に伝える必要があります。時
間がかかっても自分でやりたい意思を表明します。

もっと…

粘り強さ

途中で放り出さず最後まで取り
組むことによって養われます。
こだわりを大切にすることで、
集中力も発揮されるでしょう。

ポイント

作品は一人ひとりの表現です。育てたいのは「人と同じ時間で完成させる
力」ではなく、「納得のいくまで作ることで得られる力」です。やむを得
ず中断する際は、やる気が持続するよう言葉をかけましょう。

あそびの順番を待つ

人気のある遊具であそびたい子が多い場合、
「順番」を学ぶ機会になります。「どけ」と無理やり奪う子、
いつまでも代わろうとしない子との出会いも、社会を知るきっかけです。

次、乗りたい！

自制心

本当はすぐに乗りたいけれど、今乗っている人がいるので待とうとしています。「乗りたい！」と泣きわめくことも、力ずくで奪うこともしません。

協調性

乗りたい子どもが大勢いる場合、人と折り合いをつけながら物事を進めるための方法を知る必要があります。ここでは「順番を待つことで次に乗れる」と自分の心に折り合いをつけています。

ポイント

ブランコに乗っている子がなかなか代わろうとしない場合には、「次を待っている」ことを伝えなければなりません。他にも乗りたい子が来たら、「私の次だから、後ろで待ってて」と言わなければなりません。子ども自身でできるように支えましょう。

高齢者とふれあう

異世代交流は、子どもたちにとって貴重な体験です。
敬老の日の訪問や昔あそびなどで、積極的に機会をつくりましょう。

好奇心

高齢者がしていることに興味
津々で目をこらします。どん
なものができるかワクワクし
ながら見つめるでしょう。自
分の世界をひろげることにつ
ながります。

社交性

自分から話しかけたり、折り
方を教えてもらったり、言葉
を交わしながら関わります。
心の通い合いも感じられるで
しょう。

次はなにを
折ろうかねー

おばあちゃん
上手ー！

気づき

自分は子どもで、親世代がいて、おじいち
ゃん、おばあちゃん世代があることに気づ
きます。人の一生について漠然と感じ、先
に長い人生があることを予期します。

ポイント

自分の祖父母以外の高齢者との出会いです。長い人生を生き、さまざまなことを体験から知
る人とふれあうことで、得るものは大きいでしょう。積極的に関われるよう援助します。

嫌なことを言われた

人生は自分にとって都合のよいことばかりは起きません。
悪口を言われたり、嫌な目にも遭ったりします。
その対処法を学びます。

なっちゃんに
キライって
言われた！

うん
うん

信頼感

保育者は困ったときに助けて
くれる人だと認識しています。
だから、自分の力だけではど
うにもならないと感じたら助
けを求めるのです。

伝える力

事実を認識し、それを言葉で保育
者に伝えます。嫌な気持ちを抱え、
自分が傷ついた言葉を復唱するこ
とには、勇気がいることです。

自尊心

嫌なことを言われてふてくされているだけでなく、
自分から保育者へ訴えます。不当なことに対して屈
するのではなく、声を上げる必要があるのです。

4歳児

ポイント

「そんなことを言われて嫌な気持ちだったね」と、十分にその子に共感し、悲しみを包んであげ
たいものです。それから、「○○ちゃんはなぜそんなことを言ったのか」を一緒に考え、○○ち
ゃんの気持ちにも気づけるようにします。その上で、関係が修復できるよう援助しましょう。

保護者と
非認知能力を共有しよう

子どもたちは日々成長した姿を見せてくれていますね。子どもの育ちを保護者へ伝えるのも、保育者の務めです。

その際、非認知能力の育ちについても、保護者が理解できる言葉で具体的に伝えてください。「友だちがけん玉に取り組む姿を見て、自分も挑戦しようと始めました。初めはなかなかうまく皿に乗りませんでしたが、あきらめず粘り強くやり続けました。挑戦意欲と粘り強さが育ってきたことをうれしく思っています」というように、子どもの姿が目に浮かぶように話しましょう。保護者と喜びを共有できる場面でもあります。

目に見える能力ばかりを気にする保護者もいます。目に見えてなにができるようになるということは、わかりやすいですが、それだけが成長ではありません。保護者には目に見えない非認知能力の必要性を、わかりやすく伝えなければなりません。さらに、園での様子を話し、「今、この部分が育ってきているので、今後このような経験を増やして、○○の力をつけたいと思っています。ご家庭でも〜〜な経験ができるように見守ってください」というように、家庭と連携して子どもの育ちを支えたい旨を伝えます。

クラス懇談会などでも話題にするといいですね。クラスの活動で育ってきた力について、担任が話した後、ひとりずつ「家庭で見られた非認知能力の育ち」を我が子自慢のように話してもらうとよいでしょう。場も和みますし、友だちの家庭での姿を知ると、ホッとしたり、刺激をもらえたりします。

保護者には、急がず慌てず、どっしりと構えていただき、子どもが自分で考えて判断することを促してもらいましょう。目に見えない子どもの非認知能力の育ちがわかるようになったら、親としても成長しているということです。その進歩を認めながら、ともに喜び合える関係を築きましょう。

Ⅶ章

....

5歳児

5歳児

生活習慣の自立がさらに進み、協調性や仲間意識が生まれる時期です。友だちと話し合ったり、自分で考えて工夫したりして、あそびや生活をより充実したものにしようとします。物事の因果関係にも気づき、思考力の基礎となります。

伸ばしたい非認知能力

主体性

自分の役割を果たし、責任をもって行動できるようになります。自らやってみたい、自分で考えてみたい、という気持ちをもって取り組める環境をつくることで、さらに主体性が育まれます。

おすすめのあそびや活動

● 食事の用意や片付け、ゴミ集めや植物の水やりなど、当番活動や係活動
● 助け鬼や色鬼、ケイドロなど、多様なルールがあり、自分たちでルールを変化させたりすることができるあそび
（例）P.130「地図作り」/ P.132「手作りカプセルコマ」

挑戦意欲

乳児期から育まれてきた自己肯定感や信頼感を土台に「少し難しいことも、チャレンジしてみよう」という力が伸びます。「何度も取り組み続けることが素晴らしい」という価値観を伝えることで育まれていきます。

おすすめのあそびや活動

● 跳び箱や逆上がり、マット運動のような運動遊具を使ったあそび
● 竹馬、コマ、ドミノ、指編みなど、練習したり、失敗したりを繰り返すあそび
（例）P.132「手作りカプセルコマ」/ P.133「ぶら下がりシュート」

協調性・社交性

これまで以上に、友だちとの仲間意識が深まります。仲間たちと関わりが増えるあそびや生活のなかで、自分の思いや考えを「伝える力」や、相手の話を「聴く力」の必要性が増します。

おすすめのあそびや活動

- **ドッジボールやサッカー**など、チームで力を合わせるあそび
- **輪唱、交互唱、部分合唱**など、さまざまな歌い方をする
- **共同画や、共同製作**など、友だちと同じイメージをもって進めるあそび
（例）P.130「地図作り」／P.135「納豆オニ」

創造力

二次元のイメージから「縦、横、斜め、奥行き、高さ」と三次元をイメージし、表現できるようになる時期です。見本通りに作る、という指導的なものでなく「思い思いに表現する楽しさ」を味わうことが求められます。

おすすめのあそびや活動

- 子どもたちの発想を取り入れた劇あそび
- 簡単な**お話作り、カルタ作り、カレンダー作り**など
- **自然観察や栽培活動**（成長の過程を観察する）を行ったり、観察したことを記録したりする活動
（例）P.134「のびーる○○！」／P.136「野菜の葉せいくらべ」／P.137「手作りパズル」

問題解決力

すぐ大人に頼らずに、子ども同士で問題や課題を解決しようとする力が、あそびや生活のなかで育まれます。テーマや役割のあるあそび、ルールのある集団あそびなどによって、子ども同士で相談する機会をつくります。

おすすめのあそびや活動

- **お店屋さんやままごと**などの、ごっこあそび**かくれんぼや鬼ごっこ**のように、明確な役割とルールのあるあそび
- **パズル**など、じっくりと考えながら試行錯誤するあそび
（例）P.135「納豆オニ」／P.137「手作りパズル」

粘り強さ

自分が納得いくまで物事に取り組むことで、育まれます。

自尊心・自己肯定感

自分が考えたものや作ったものを人から大切にされ、認められるなかで育ちます。

道徳性

ルールのある方が生活しやすく楽しいことを、あそびを通して学びます。

思いやり

友だちとの関わりのなかで、相手の立場に立って考えられる力が育まれます。

＼＼ ５歳児の発達 ／／ と保育者の関わり

自分たちの力でできることが増えます。
保育者は安易に介入しようとせず、見守る姿勢で関わります。

自我・社会性・言語・認識

**仲間意識が芽生え、自分たちで
話し合って物事を決めることができます。**

読み書きにも興味をもち、数の理解も進む

語彙数が300語、話し言葉は6語程度の長さになり、読み書きなどに興味をもつようになります。また、数に対する理解も進みます。

保育者の関わり

文字を覚えたり、書くことを目的とせず、言葉のおもしろさを感じたり、伝えたいという子どもの思いを大切にしながら、文字や数の必要性を感じられる活動を保障します。

【非認知能力につながる！】

絵本作り、カルタ作り、カレンダー作りなどの製作あそびや手紙を書くなどの活動を通して、「主体性」「挑戦意欲」「創造力」が育まれます。

友だちと意見交換をする

自分の考えや経験を言葉で伝えたり、友だちの意見を聞いて自分の考えを変えたりして、新たな意見を提案します。

保育者の関わり

考えたことを伝え合ったり、話し合ったりする機会を設け、みんなでひとつのことに取り組む楽しさを体験できるようにします。

【非認知能力につながる！】

季節の行事や伝統行事などについて知り、自分たちで準備をしたり、作り上げたりする活動を通して「挑戦意欲」「協調性」「社交性」「問題解決力」が育まれます。

物事の理解度が上がる

原因と結果を推測したり、簡単な手順を予測したりして物事を進めます。

保育者の関わり

疑問や原因を推測する姿を大切にし、考えることを保育者も一緒に楽しみます。また、少し先のことを子どもに伝えるなど、見通しのある生活を意識します。

【非認知能力につながる！】

自然観察や栽培活動を行ったり、観察したことを記録したりする活動を通して「創造力」「主体性」「問題解決力」が育まれます。

集団のルールを守る・変える

集団でルールを守ってあそぶことができるようになり、必要に応じて自分たちでルールを修正します。

保育者の関わり

工夫している点や、問題が生じた際にはどうすればよいかなど、考えるきっかけをつくります。

【非認知能力につながる!】

多様なルールがあり、自分たちでルールを変えられるあそびや、役割のあるあそびや活動を通して「主体性」「協調性」「社交性」「道徳性」「回復力」「問題解決力」が育まれます。

「斜め」が理解できる

「斜め」を理解できるようになり、三角形も描けます。大中小の円を描き分け、上下左右といった認識も身につきます。

保育者の関わり

楽しみながら、描画の道具・筆記用具をコントロールする経験を積めるようにします。技術を身につけられるよう、多様な道具を提供し、活動の機会を設けます。

【非認知能力につながる!】

共同画や、共同製作などのあそびを通して「創造力」「主体性」「協調性」「社交性」が育まれる。

運動機能　竹馬や逆上がりなど、さらにバランス感覚が必要とされるあそびや動きにも挑戦します。

細かい作業に根気強く取り組む

大人と同様の動作のほとんどを獲得し、手先の器用さが増し、根気強く取り組み達成感を得ます。

保育者の関わり

個人差に合わせて、苦手なことにも挑戦する機会をつくり、できたことだけでなく、できるようになる経過や、自分で考え工夫する姿を認めます。

【非認知能力につながる!】

コマ回し・けん玉・竹馬などの伝承あそびや、ドミノ、指編みなどのあそびを通し、「主体性」「挑戦意欲」「粘り強さ」が育まれます。

柔軟性やバランス感覚もアップ

柔軟性が増し、不安定な姿勢や、鉄棒などでもバランスをとるなど、力をコントロールできるようになります。

保育者の関わり

安全面に配慮し、思いきって体を動かし、挑戦する楽しさや、うまくいかない悔しさなどを体験できる活動を設定します。

【非認知能力につながる!】

跳び箱や逆上がり、マット運動のような運動遊具を使ったあそびを通して「主体性」「挑戦意欲」「粘り強さ」が育まれます。

地図作り

大きな紙にローラーなどで道を描き、
好きな建物や木などを立つように作って並べましょう。
みんなの力ですてきな街が作れることが実感できます。

準備するもの

- 模造紙
- 画用紙
- ローラー
- 絵の具
- クレヨン
- ペン

協調性 / 社交性

友だちとともに活動するなかで、自分の考えを伝えたり、相手の思いを感じたりして、力を合わせ、人との関わり方を学びます。

創造力

なにもないところから生み出すものが創造力。「どんな道にしようかな」「このあたりに赤い屋根のおうちを置こうかな」と自由な発想で作り出します。

ここは
おうち！

粘り強さ

自分が描きたいものに、納得がいくまで取り組むことで、粘り強さが育まれます。

主体性 好奇心

始まったあそびに興味をもち、自らやってみたいと関わり、トライします。

自尊心

自分が考えたことや作ったものを人から大切にされることで、自尊心が育ちます。

ポイント

大きな紙とローラーを魅力的に出します。「これで道ができるね」「どんな街ができるかな？」と子どもたちがワクワクするような言葉をかけます。また、製作中は子どもの発想を認めるような関わりを心がけましょう。

※ローラーは、ホームセンターやネットで購入できます。

\\ 非認知能力の育ちを //
読み取ろう！

友だちの気持ちを 代わりに言うJちゃん

Lくんが青色をつけた上に、ローラーで赤色を重ねて塗ったKくん。その様子を見て「あんまり塗りすぎると、Lくんの道がなくなって嫌だよね」と、Jちゃんが言った。Lくんはその言葉を聞き、泣きそうな顔でうなずいた。Kくんは「わかった」と言い、それからは色のついていないところを塗るようになった。その後、みんなでお互いの色をつけた部分を尊重しながら、楽しそうに道を作った。

読み取れる非認知能力の育ち

「想像力」「協調性」「社交性」

ただ「やめて」と言うのではなく、やめてほしい理由と、Lくんの気持ちを交えた言葉から、友だちの描いたものに対して「重ね塗りすると道が消えて、Lくんが悲しむ」と他者の気持ちを想像できる力を感じた。また、一緒に同じものを気持ちよく作ろうとする協調性と、人と柔軟に関わりながら物事を進めようとする社交性が育まれていることを感じた。

今後の援助の方向性

初めて使う道具がある製作あそびでは、今後、始めに思う存分、自由に道具を試してあそべるようにしたい。また、協調性や社交性も育っていることから、グループごとに話し合って製作する機会を増やしたいと思う。

5歳児

手作り
カプセルコマ

両手をこすり合わせるようにひねって、棒を回すと、
棒が徐々に傾き出し、おもしろい回り方をします。

挑戦意欲　どうやったら長く回せるのか、同じ
場で回せるかなど、挑み続けます。

主体性
好奇心
自分から興味をもって「作
りたい」「回したい」と願
いをもって取り組みます。

自己
肯定感
初めはうまく回せなくても、
ありのままの自分を受け入
れ、だんだん上手になる自
分を期待します。

作り方

割り箸または竹串
ビーズ
カプセルトイのケース
（千枚通しを熱して穴
を開けておく）

※各パーツを用意し、子どもが組み立てる。

注：持ち手の棒でけがをしないよう、気を付けて活動を行う。

ポイント

上手に回すことを求めるのでなく「おもしろい回り方だ
ね」とコマの動きを楽しめるよう言葉をかけましょう。
友だちのコマにも目を向けたり、「せーの」と一緒に回
したり、関わるきっかけも意識してつくります。

ぶら下がりシュート

鉄棒へぶら下がり、動物の口をめがけてボールをキックします。
片足は地面についていても、ついていなくても構いません。

ぶら下がる力
蹴る力

腕で体重を支えています。ボールを蹴るために脚の筋肉も使います。

挑戦意欲

「やってみたい」という自分の目標をイメージしながら取り組みます。

集中力

ゴールを目指して蹴るので、ねらいを定めます。そのためには、やみくもに蹴るのではなく、向きや力の入れ具合もコントロールするので、集中力が必要になります。

作り方

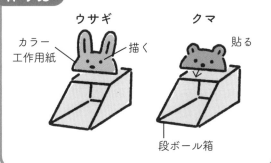

ウサギ

クマ

カラー
工作用紙

描く

貼る

段ボール箱

ポイント

初めはゴールを鉄棒近くに置き、成功体験を重ねられるようにします。「レディ ゴー」など自分なりのかけ声を決めるように促すと、より楽しくなるでしょう。

5
歳
児

のびーる○○!

細長い紙をじゃばら折りにしたものが、伸ばすと長くなる
おもしろさを味わった後、イメージを膨らませて絵を描きます。

準備するもの

・画用紙
・ペン
・クレヨン

問題解決力

折り方がわからなくなった際、ただ困っているだけでなく「どうすればいいか教えて」と友だちに働きかけ、問題を解決しようとします。

想像力

伸びることから想像をひろげ、なにを伸ばしたらおもしろいか、さまざまにイメージをします。

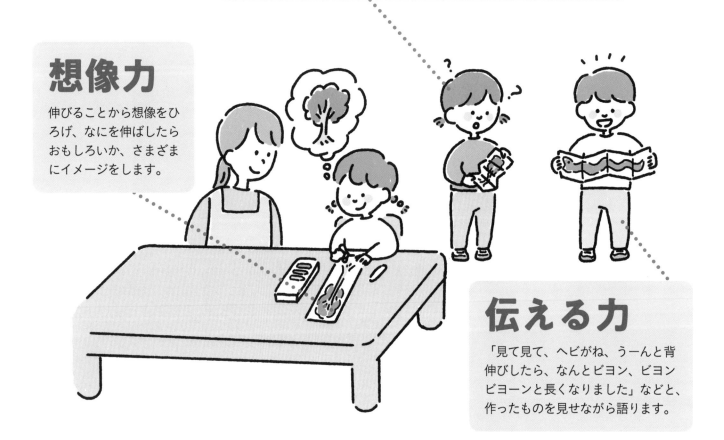

伝える力

「見て見て、ヘビがね、うーんと背伸びしたら、なんとビヨン、ビヨンビヨーンと長くなりました」などと、作ったものを見せながら語ります。

ポイント

一斉に作り始めるのではなく、作りたい子が取り組む姿を見て、興味をもって自分から取り組めるようにします。友だちの話を聞きながら、自分の描きたいものを楽しく考えられるようにしましょう。

納豆オニ

手つなぎオニのロープを使ったバージョンです。
つかまった人も鬼になるので「納豆、納豆、ネーバネバ」と
言いながら追いかけましょう。

準備するもの

太めの綿ロープを結び、
持ち手を作る

ルール

①4人でロープの両端と結び目をそれぞれもち、他の人を追いかける。
②先頭の結び目をもっている鬼は、逃げている人をタッチしたら解放
される。
③ひとつづつ前にずれ、タッチされた人は一番後ろの結び目をもつ。
①～③を繰り返す。

回復力

つかまってしまったことは残念ですが、気持ちを切り替えて、鬼として力を発揮することから養われます。

道徳性

ルールに沿ってあそばなければ、楽しくありません。ひとりずつ繰り上がってまた逃げる人になることを予期しながらあそびます。

ネーバ
ネバー！

きゃー！

協調性

鬼になったメンバーが、力を合わせなければ、逃げる人をつかまえることはできません。はさみうちも可能です。

ポイント

4人が連なる状態が難しいと感じた場合は、3人用、2人用のロープを用意しましょう。混ぜて行っても楽しめます。

野菜の葉せいくらべ

ただの野菜くずだと思っていたものが、生長する姿を目の当たりにします。
毎日観察するのが待ち遠しくなります。

準備するもの

・画用紙
・クレヨン
・ニンジンやダイコン
のヘタの切れ端（油
性ペンで顔を描く）

感性

葉が伸びる事実を認識し、
ここに確かに生命が宿っ
ていることを感じます。

見立てる力
想像力

野菜に顔を描くことで、伸
びる芽や葉が髪の毛に見え
ます。だんだん伸びる姿も
愛らしく感じるでしょう。

育てる
喜びを知る

だんだん生長する野菜をうれしく
見守る体験を通して、育てる喜び
を実感します。

ポイント

子どもの胸から首くらいの高さの台に並べておくと、子どもの目がちょうど野菜の顔あたり
にくるので、興味を引くことができます。日当たりのよい場所に置くことも考慮しましょう。

手作りパズル

厚紙に好きな絵を描いたら、9つのピースに分割します。
自分で元通りに並べてみるのも楽しいし、
友だちと交換してあそぶのも会話が生まれてよいでしょう。

達成感

9つのピースがぴったりとはまり、元通りの絵になったら、大きな喜びを感じます。やり遂げたうれしさ、完成した喜びを十分に味わいます。

創造力

好きな絵をのびのびと描いて楽しみます。画面いっぱいに描き、切ったとき、絵のないピースがないように考えながら進めます。

問題解決力
粘り強さ

バラバラになったピースを元通りにくっつけるのは、そう簡単ではありません。急がないでじっくりとピースを見ながら、試行錯誤を繰り返しながら取り組みます。

5歳児

作り方

 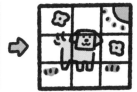

厚紙にペンで絵を描く　　ハサミで切って9等分する

ポイント

難しいと感じたら、6分割から始めてもよいでしょう。ピースを回しながらぴったりとはまる喜びを味わうことが大切です。もっと難しくしたい場合は、ピースをさらに細かく分割します。

行事について話し合う

どんな活動をしたいのか、そのためになにが必要か、
それぞれが自分の思いや考えを出せるようにします。

夏祭りの
おみこし、
今年はどうする?

みんなで
作りたい

一緒に担ぎたい

主体性

自分たちのお祭りをどのようにした
いか、頼まれ仕事ではなく我がこと
として捉え、考えます。自分で考え、
自分で行動しようとする姿です。

挑戦意欲

見たことのあるおみこし。今年は自分た
ちの手で作って担ぎたいという意欲をも
ち、トライすることへの情熱を抱きます。

伝える力

材料はなにを使うか、どんな形や色にしたいか、
どんな飾りをつけたいかなど、具体的に考えてみ
んなに言葉や身ぶり手ぶりで伝えようとします。

調整力

友だちの意見を聞いて受けとめ、自分の思いも伝えつつ、どのようにすればみんなの願いが叶うかを調整しながらまとめたいという気持ちが働きます。

5歳児

ポイント

発言力の強い子どものみに引っぱられないよう、発言の少ない子どもに「○○ちゃんはどう思う?」と思いを表せる場を意図的につくりましょう。

おみこし作りの
話し合いでのJくん

毎年の5歳児クラスが作るおみこしを、保育者が「今年はどうする?」とたずねると、Jくんが「去年のカメとは違う、自分たちのおみこしを作りたい」と言った。その後、どのようなおみこしを作るか、グループごとに話し合った。Jくんから「もっと大きなゾウのおみこしは?」「恐竜はもっと大きいよ」「くじらもいいね」「牛乳パックかペットボトルならたくさんあるよ」など、さまざまな意見が出た。

読み取れる非認知能力の育ち

「主体性」「挑戦意欲」

Jくんの「去年と違うおみこしを作りたい」という発言から、積極的に自分たちの意思で、製作に取り組もうとする、主体性の育ちを感じた。また、「去年より、もっと大きなものを作りたい」という、挑戦意欲もうかがえる。この挑戦意欲が仲間にも伝わり、さまざまな発言が出るきっかけになっていたように思う。

今後の援助の方向性

次のステップとして、おみこしにどのような願いを込めるのか、各々の思いや考えていることを出し合い調整し、現実的にできるのか? ということをふまえた、問題解決力を育む機会につなげたい。そのために、保育者が「なにを使って、どうやったらできるかな?」とタイミングを見て質問を入れ「○○ちゃんはどう思う?」と発言の少ない子どもの意見も引き出したい。

友だちを助ける

友だちが困っている場面で、自分ができることを考えて助けます。
相手に喜ばれると、自分もうれしい気持ちになり、
さらに親切な行いをしようとする動機になります。

あ り が と う

そ っ て て あ げ る ！

気づき

友だちが困っていることに気づき、なにをすれば相手にとって助けになるかを考えます。相手の立場になり考えられるということです。友だちの表情や行動から察知する力が身についています。

思いやり

友だちに「ありがとう」と言われ笑顔を向けられることはうれしい経験です。その人と心が通った気持ちになるでしょう。人とうまく関わるための土台となります。

行動力

思っているだけでは、相手を助けることはできません。実際に「手伝おうか？」「もっててあげるよ」など、相手に寄り添う言葉をかけ、行動します。

ポイント

「ありがとう」がとび交うクラスは、あたたかな雰囲気に包まれます。「〜してくれて、ありがとう」と相手の目を見て言えるよう、保育者も手本を見せながら導きましょう。

ごっこあそびでの やりとり

ごっこあそびで店員になりきって会話を楽しみます。
日頃の言葉遣いとは違う話し方で、お客さんに対応します。

伝える力

「おもち帰りですか」など、場や状況にふさわしい言葉遣いを楽しみます。モンブラン、チーズケーキなど、知っているケーキの名前もとび出すでしょう。なりきった会話を楽しみます。

いらっしゃいませ！

モンブランを
ひとつください

想像力

「つもりになる」力を発揮し、「〜らしく」振る舞います。現実の自分を離れ、想像のなかのケーキ屋さんになっています。見たことのある店員さんの情報を土台として動きます。

ポイント

ごっこあそびがより楽しめるよう、物的環境を整えましょう。本物らしく作りたいという願いが叶うような材料や、ケーキの写真や雑誌の切り抜きなども用意し、雰囲気を盛り上げます。

5歳児

年下の子の世話

5歳児になると園で一番上のお兄さん・お姉さんになることから、
下の子の世話に目が向きます。世話をしてもらっていた自分から、
してあげる側になった喜びを感じます。

思いやり

なにをすれば小さい子は喜ぶかな、と考えながら関わります。相手の表情や行動を見ながら、スピードや力を加減しながら、相手のためを思って動きます。

なにして
あそぼうか

一緒に
あそぶ！

社交性

初めて会う子に対しても、世話をしたいという気持ちが芽生えます。自分から声をかけたり、その子の心地よい状況をつくったりすることで、人との関係をつくり出します。

自己肯定感

小さい子が喜ぶ姿を見ると、やってあげてよかったという思いが湧き起こります。そして、自分はよいことをしているという気持ちになり、自分を肯定する気持ちが高まります。

ポイント

ひとりっ子や下に弟妹のいない子どもも多いので、異年齢の関わりができる状況をつくりたいものです。世話の様子を保育者が認めることで、子どもの充実感はさらに膨らむでしょう。

非認知能力の育ちに欠かせない
アクティヴ・ラーニングの視点

ア クティヴ・ラーニングとは「主体的・対話的で深い学び」のことです。言われた通りに動くのではなく、自分で考えて自分で行動して学びます。その際、物とも対話し、友だちとも対話します。独りよがりに考えるのではなく、物に働きかけたらその反応によって、物の特性を理解し、次の働きかけに生かすのです。

友だちともただのおしゃべりではなく、相手の言ったことを受けとめて、それをふまえてこちらも考え、次の発言をする、というように高まっていくことを目指します。「水は高い所から低い所へ流れる」ということは、言葉によって知るのではなく、砂場で穴を掘ったり、水を流したりして、経験から体得します。斜面を急にすると速く流れ、ゆるやかにするとゆっくり流れることも知ります。水や友だちと対話しながら、子どもは着実に学んでいるのです。

非認知能力が育つ場面で、子どもは主体的に考えながら行動しているはずです。私たちは子どもの思いや意欲を尊重し、受容的で応答的な保育を行い、身の回りの環境に自ら関わるあそびを支えながら指導する必要があります。

「子どもたちがなにをしたいと思っているのか」「そのためになにを必要としているのか」を感じ取り、自己発揮できるように援助します。そしてそのなかで、自己肯定感や自制心、粘り強さ、回復力、協調性が育つような状況をつくり、経験を通して身につけられるようにするのです。友だちや保育者とのやりとりで、自らの考えをひろげ、気づきや工夫する体験が次の体験へとつながるよう、環境を整えましょう。

子どもたちとつくり上げていく生活は、保育者にとっても喜びに満ちたものです。保育者も子どもたちの人的環境として、よいモデルとなったり、ライバルになったり、対話を楽しんでください。

5歳児

監修・執筆
横山洋子（よこやま ようこ）

千葉経済大学短期大学部こども学科教授。幼稚園、小学校教諭を17年間経験したのち、現職。著書に『根拠がわかる！　私の保育　総点検』（中央法規）、『U‐CANの思いが伝わる＆気持ちがわかる！　保護者対応のコツ』（ユーキャン）など多数。

本文・装丁デザイン
吉村デザイン事務所

執筆協力（P.26-29／P.46-49／P.66-69／P.86-89／P.106-109／P.126-129）
古林ゆり（精華女子短期大学 幼児保育科 講師）

あそびアイデア
町田里美

イラスト
池野なか　おおたきょうこ　島田恵津子　もものどあめ

校正
株式会社ぷれす　村上理恵

編集・制作
株式会社童夢

0〜5歳児
非認知能力が育つこれからの保育

監修者　横山洋子
発行者　池田士文
印刷所　日経印刷株式会社
製本所　日経印刷株式会社
発行所　株式会社池田書店
　　　　〒162-0851 東京都新宿区弁天町43番地
　　　　電話03-3267-6821（代）／振替00120-9-60072

落丁・乱丁はおとりかえいたします。
©K.K.Ikedashoten 2021, Printed in Japan
ISBN978-4-262-15446-6

23009510